Imprensa e cidade

FUNDAÇÃO EDITORA DA UNESP

Presidente do Conselho Curador
Marcos Macari

Diretor-Presidente
José Castilho Marques Neto

Editor Executivo
Jézio Hernani Bomfim Gutierre

Conselho Editorial Acadêmico
Antonio Celso Ferreira
Cláudio Antonio Rabello Coelho
Elizabeth Berwerth Stucchi
Kester Carrara
Maria do Rosário Longo Mortatti
Maria Encarnação Beltrão Sposito
Maria Heloísa Martins Dias
Mario Fernando Bolognesi
Paulo José Brando Santilli
Roberto André Kraenkel

Editores Assistentes
Anderson Nobara
Denise Katchuian Dognini
Dida Bessana

COORDENAÇÃO DA COLEÇÃO PARADIDÁTICOS

João Luís C. T. Ceccantini

Raquel Lazzari Leite Barbosa
Ernesta Zamboni
Raul Borges Guimarães
Maria Encarnação Beltrão Sposito (Série Sociedade, Espaço e Tempo)

ANA LUIZA MARTINS
TANIA REGINA DE LUCA

Imprensa e cidade

COLEÇÃO PARADIDÁTICOS
SÉRIE SOCIEDADE, ESPAÇO E TEMPO

© 2006 Editora UNESP

Direitos de publicação reservados à:
Fundação Editora da UNESP (FEU)
Praça da Sé, 108
01001-900 – São Paulo – SP
Tel.: (0xx11) 3242-7171
Fax: (0xx11) 3242-7172
www.editoraunesp.com.br
feu@editora.unesp.br

CIP – Brasil. Catalogação na fonte
Sindicato Nacional dos Editores de Livros, RJ

M341i

Martins, Ana Luiza
    Imprensa e cidade / Ana Luiza Martins, Tania Regina de Luca. São Paulo : Editora UNESP, 2006 (Paradidáticos. Cultura)

    Inclui bibliografia
    ISBN 85-7139-587-X

    1. Imprensa – Brasil – História. 2. Jornalismo – Brasil – História. 3. Imprensa – Inovações tecnológicas – Brasil. 4. Periódicos brasileiros – História. I. Luca, Tania Regina de. II. Título. III. Série.

06-2265.   CDD 079.81
                                                                            CDU 070 (81)(09)

EDITORA AFILIADA:

Asociación de Editoriales Universitarias de América Latina y el Caribe

Associação Brasileira de Editoras Universitárias

A COLEÇÃO PARADIDÁTICOS UNESP

A Coleção Paradidáticos foi delineada pela Editora UNESP com o objetivo de tornar acessíveis a um amplo público obras sobre *ciência* e *cultura*, produzidas por destacados pesquisadores do meio acadêmico brasileiro.

Os autores da Coleção aceitaram o desafio de tratar de conceitos e questões de grande complexidade presentes no debate científico e cultural de nosso tempo, valendo-se de abordagens rigorosas dos temas focalizados e, ao mesmo tempo, sempre buscando uma linguagem objetiva e despretensiosa.

Na parte final de cada volume, o leitor tem à sua disposição um *Glossário*, um conjunto de *Sugestões de leitura* e algumas *Questões para reflexão e debate*.

O *Glossário* não ambiciona a exaustividade nem pretende substituir o caminho pessoal que todo leitor arguto e criativo percorre, ao dirigir-se a dicionários, enciclopédias, *sites* da internet e tantas outras fontes, no intuito de expandir os sentidos da leitura que se propõe. O tópico, na realidade, procura explicitar com maior detalhe aqueles conceitos, acepções e dados contextuais valorizados pelos próprios autores de cada obra.

As *Sugestões de leitura* apresentam-se como um complemento das notas bibliográficas disseminadas ao longo do texto, correspondendo a um convite, por parte dos autores, para que o leitor aprofunde cada vez mais seus conhecimentos sobre os temas tratados, segundo uma perspectiva seletiva do que há de mais relevante sobre um dado assunto.

As *Questões para reflexão e debate* pretendem provocar intelectualmente o leitor e auxiliá-lo no processo de avaliação da leitura realizada, na sistematização das informações absorvidas e na ampliação de seus horizontes. Isso, tanto para o contexto de leitura individual quanto para as situações de socialização da leitura, como aquelas realizadas no ambiente escolar.

A Coleção pretende, assim, criar condições propícias para a iniciação dos leitores em temas científicos e culturais significativos e para que tenham acesso irrestrito a conhecimentos socialmente relevantes e pertinentes, capazes de motivar as novas gerações para a pesquisa.

SUMÁRIO

INTRODUÇÃO   9

CAPÍTULO 1
Imprensa tardia: implantação (1808 a 1889)   16

CAPÍTULO 2
Imprensa profissionalizada (1889 a 1930)   35

CAPÍTULO 3
Imprensa em ação (1930 a 1945)   52

CAPÍTULO 4
Imprensa livre (1946 a 1964)   73

CAPÍTULO 5
Imprensa traída (1960 a 1987)   93

CAPÍTULO 6
Imprensa globalizada (1988 a 2004)   116

CONCLUSÃO   127

GLOSSÁRIO   132
SUGESTÕES DE LEITURA   134
QUESTÕES PARA REFLEXÃO E DEBATE   136

Para Mariana de Luca e Aldo de Cresci.

INTRODUÇÃO

O Sol nas bancas de revistas
Me enche de alegria e preguiça
Quem lê tanta notícia?
Alegria, alegria.
Caetano Veloso (1967)

A pergunta não poderia ser mais atual. Além da enorme diversidade de jornais e revistas disponíveis nas bancas, dos vários noticiários das televisões abertas, das rádios que ininterruptamente "tocam notícia" e "prestam serviços", contamos com canais pagos cujo fim único é colocar, em tempo real, seus assinantes a par do que se passa nos mais distantes pontos do planeta, e com a internet, a rede mundial de computadores, fonte inesgotável de dados. Isso sem mencionar os celulares, por meio dos quais se pode receber e transmitir mensagens textuais e imagens.

Há um exército de profissionais que se dedica a nos apresentar e explicar o mundo: a previsão do tempo, a situação do trânsito, o mercado financeiro, a política nacional, os conflitos e as catástrofes em locais distantes, as ocorrências policiais, os resultados das competições esportivas, as descobertas da ciência, os conselhos para uma vida saudável, os últimos lançamentos das gravadoras, editoras e estúdios de cinema, a programação e as novidades das redes de tevê, enfim, procura-se contemplar todos os interesses, gostos e preocupações. Pode-se afirmar que o conhecimento que temos da realidade é mediado pelos fatos divulgados pela imprensa escrita e radiotelevisiva.

É óbvio que a troca de idéias e informações não é uma invenção do nosso tempo. Entretanto, foi no decorrer do século XX, graças ao enorme avanço tecnológico dos meios de comunicação de massa, que a circulação de dados atingiu velocidades até então inimagináveis. Telefones fixos, rádios, televisores, aparelhos de fax, *pagers* e celulares foram se tornando acessíveis a camadas cada vez mais amplas da população.

Os satélites tornaram possível a interconexão de todo o planeta e a transmissão dos acontecimentos no mesmo instante que se desenrolam, cruzando limites antes impostos pelas fronteiras nacionais. A rede internacional de computadores, que também desfruta de significativo grau de autonomia em relação aos poderes constituídos, inaugurou a era dos *sites*, do correio eletrônico (*e-mail*), blog, *messenger* e orkut, potencializando o intercâmbio imediato (*on-line*) de dados. É importante ressaltar que a revolução digital não só alterou a nossa forma de apreensão do tempo e do espaço, mas também uniu, num único suporte, sons, imagens e a palavra escrita, abrindo ao usuário desses materiais novas possibilidades de leitura, manuseio e intervenção.

Do ponto de vista estritamente técnico, não há limites para a disseminação das notícias, o que poderia ser saudado como a concretização definitiva de um dos pressupostos essenciais dos regimes democráticos modernos: o direito à informação.

Atribuímos à imprensa escrita, historicamente o primeiro meio de comunicação de massa, papel central na defesa dos interesses dos cidadãos contra quaisquer tipos de violações e abusos cometidos pelo Estado. A origem da noção de quarto poder, forjado na Inglaterra do início do século XIX, era esta: aos periódicos caberia a nobre função de vigiar a atuação do executivo, legislativo e judiciário. Os regimes autoritários impuseram (e ainda impõem) limites às atividades jornalísticas, por meio da censura, apreensão de edições, proibição de circulação, perseguição de profissionais etc. Assim, a liberdade de expressão é uma das características definidoras das sociedades democráticas.

Contudo, tal exercício de vigilância não é isento de tensões e pode ser considerado como uma função de natureza pública, desempenhando, muitas vezes, papel fundamental em prol dos interesses da sociedade civil. Jornais, revistas, rádios e televisões são empresas e, portanto, também buscam lucros. De outra parte, negociam um produto muito especial, capaz de formar opiniões, (des)estimular comportamentos, atitudes e ações políticas. Elas não se limitam a apresentar o que aconteceu, mas selecionam, ordenam, estruturam e narram, de uma determinada forma, aquilo que elegem como fato digno de chegar até o público.

O controle de meios tão significativos determinou aproximações nem sempre éticas entre os ocupantes do poder e os proprietários dos meios de comunicações. Não faltam exemplos, nos mais diferentes países, de subvenções, favorecimentos, financiamentos privilegiados, isenções e facilidades de toda ordem para empresas que se mostraram sensíveis às necessidades e interesses governamentais. A pressão dos anunciantes, fonte fundamental de sustento, também não pode ser menosprezada e não é à toa que se afirma que o jornal é vendido duas vezes: uma para os que anunciam nele e outra para o leitor.

Nas últimas décadas do século passado ocorreram transformações importantes no âmbito econômico. A automação acelerada, a mobilidade sem precedentes de capitais, mercadorias e informações aumentaram a produtividade do trabalho e alteraram o processo produtivo como um todo. A auto-suficiência e o isolamento das economias e países foram substituídos pelo intercâmbio em escala mundial, num processo que tem sido denominado *globalização*. As empresas de comunicações não ficaram imunes a tais mudanças. Surgiram empresas gigantescas que unem, num único conglomerado, gravadoras, editoras, emissoras de rádio, tevê, jornais, revistas, parques temáticos, produtoras de cinema, ou seja, informação e produção voltadas para o consumo de massa, com interesses globais e que movimentam enormes capitais e detêm grande dose de poder político. No Brasil a situação não é diversa. Segundo pesquisa recente, seis redes privadas dominam o meio televisivo e a elas estão associados 667 outros veículos, sendo 309 emissoras de televisão e 358 veículos de outros segmentos, como rádios e jornais diários.[1]

Nesse contexto, vários analistas têm ressaltado que a defesa dos interesses econômicos e valores ideológicos compartilhados pelos acionistas dessas macroorganizações acabou por afetar sua capacidade de atuação crítica, denúncia e vigilância, porque passaram a integrar o próprio poder que deveriam fiscalizar.

Talvez nada indique de forma mais clara o desgaste do "quarto poder" do que o fato de agora se considerar essencial a criação de um quinto, a fim de examinar as práticas jornalísticas predominantes nos empreendimentos midiáticos e proteger o cidadão delas.[2] É sintomático que se tenham multiplicado os fóruns de discussão a respeito da qualidade da informação difundida pela imprensa e sua crescente mercantilização, numa tentativa de construir

---

1 Pesquisa realizada em 2002, sob a responsabilidade de Daniel Herz. Entrevista do autor disponível em www.tvebrasil.com.br/observatorio/programa. Acesso em janeiro/2004.
2 O termo quinto poder foi proposto por RAMONET, Ignácio. *Le cinquième povoir*. *Le Monde Diplomatique*, octobre, 2003. Disponível no site www.monde-diplomatique.fr. Acesso em dezembro/2003.

IMPRENSA E CIDADE

visões alternativas à instaurada pelos grandes grupos. No Brasil, merece destaque o programa *Observatório da imprensa*, desde 1998 semanalmente apresentado por Alberto Dines e transmitido pela rede pública de televisão.

Pode-se perguntar: seria prudente confiar no que está nos jornais, televisão e rádio? A dúvida, se não é recente, ganhou novos sentidos no contexto atual. Não se pode alcançar a objetividade completa, como acreditavam aqueles que pensavam na separação absoluta entre o sujeito e o objeto investigado, mas isso está longe de significar que a imprensa deva (ou possa) abrir mão da ética e de suas responsabilidades sociais.

Vários estudiosos têm chamado atenção para o fato de os temas abordados e as opiniões apresentadas responderem menos aos interesses coletivos dos cidadãos do que aqueles defendidos por certos grupos políticos e econômicos. Ao mesmo tempo, é evidente a tendência de se dar preferência às notícias interessantes e que distraem, mas que não são, necessariamente, importantes para o leitor/espectador, encarado apenas como um consumidor em potencial.

A confrontação de idéias e posturas, por sua vez, deu espaço para notícias a respeito de personalidades e autoridades públicas, num procedimento que contribui para esvaziar o potencial crítico da cobertura política. Assim, foi exemplar nesse sentido a atuação das mídias na guerra contra o Iraque, que repetiram as declarações de Tony Blair e George W. Bush, como se fossem suficientes para explicitar todas as motivações do conflito.

Observa-se também um crescente declínio das reportagens de cunho investigativo, elaboradas com esforços dos próprios profissionais, que se dedicavam a averiguar atos ilícitos de instituições ou indivíduos, tal como ocorreu no caso Watergate (1972-1974), que culminou com a renúncia do presidente norte-americano Richard Nixon. O trabalho de ir em busca das informações tem sido substituído pelas "fontes oficiais, documentos secretos, dossiês exclusivos", que revelam "o essencial" sobre dado assunto, sem que o jornalista se dê ao trabalho de sair da redação e descobrir por si os fatos relatados ou mesmo verificar a correção do que lhe é apresentado.

Tal jornalismo, que altera a própria natureza do trabalho do repórter, é baseado em revelações transmitidas pelos que tinham interesses na divulgação de certos dados, muitas vezes fabricados nos bastidores do poder. Além disso, está associado a uma cultura que valoriza a exclusividade, informes diferenciados, aspectos e detalhes inusitados.

Outro ponto a ser destacado é a grande importância atribuída ao presente, propiciada pela cobertura imediata e ao vivo, o que tem provocado o aprofundamento da descontextualização e fragmentação da informação. A velocidade com que as notícias se sucedem e se sobrepõem acaba gerando a tirania do último informe, contribuindo poderosamente para que o importante de hoje esteja esquecido na edição da noite ou, no máximo, na de amanhã. Predominam, portanto, a superficialidade, a rapidez e o acúmulo de dados, sem que o leitor, ouvinte ou telespectador tenha oportunidade efetiva de conhecer. Já não se trata de perguntar apenas quem lê tanta notícia, mas se quem ouve e vê é capaz de compreender tanta notícia.

Ao mesmo tempo que a tecnologia amplia de forma inusitada a circulação de dados e festeja a era da sociedade da informação, a atividade jornalística atravessa um período de descrédito significativo, deixando uma sensação de desinformação, apesar da avalanche de notícias que nos alcança em toda parte. Para compreender o cenário contemporâneo – e o brasileiro em particular – é importante acompanhar por que a imprensa, antes prestigiada, chegou ao século XXI sendo tão questionada.

IMPRENSA E CIDADE

Neste livro, abordaremos a trajetória das publicações periódicas brasileiras: o surgimento dos primeiros jornais e revistas, as transformações no processo de produção dos impressos, as mudanças em relação à estrutura interna, distribuição e natureza das matérias e dos recursos imagéticos disponíveis, a profissionalização e especialização do jornalista, a crescente segmentação dos periódicos, que se destinam a públicos e setores sociais cada vez mais específicos, sua atuação política e social em momentos decisivos da história do país, os interesses de que se fez (e se faz) porta-voz, os desafios impostos pela mundialização e novas tecnologias, que vêm alterando profundamente não só o modo de operar das redações, mas também o sentido e o lugar social atribuído à imprensa.

1 Imprensa tardia: implantação (1808 a 1889)

Imprensa, universidades, fábricas – nada disso nos convinha, na opinião do colonizador. Temiam, os portugueses, deixar entrar aqui essas novidades e verem, por influência delas, escapar-lhes das mãos a galinha dos ovos de ouro que era para eles o Brasil.
Isabel Lustosa

Para iniciar, um fato surpreendente: a imprensa criada por Gutenberg, no século XV – e que rapidamente se espalhou pelo mundo –, levou três séculos para chegar ao Brasil, aportando no país apenas no século XIX. O registro é alarmante, pois no quadro das Américas, as colônias espanholas e norte-americanas conheceram precocemente a imprensa, figurando o Brasil como um dos únicos países do mundo a não dispor de prelos, com exceção daqueles da Ásia e da África.

Várias são as razões desse atraso. A mais flagrante está no caráter severo e censurador da administração portuguesa, a quem não convinha levar o esclarecimento da palavra impressa à população de territórios que se prestavam apenas à exploração comercial. Outro entrave vinha da forte presença da Igreja Católica, parceira do Estado no projeto colonial, não lhe interessando divulgar outro meio de comunicação do conhecimento que não aquele da catequese, controlador das mentes.

Contudo, não só a falta de vontade política da Coroa, o rigor da Igreja e o peso da censura coibiram o inicial

IMPRENSA E CIDADE

funcionamento da imprensa no Brasil. O principal bloqueio também provinha do caráter mercantil capitalista dessa atividade, inviável no país analfabeto e escravocrata, sem consumidores, no qual pesavam a natureza feitorial da colonização, a presença das populações indígenas, a ausência de urbanização, a precariedade da burocracia estatal, a incipiência das atividades comerciais e industriais. Não havia condições materiais para a implantação e desenvolvimento de uma prática presidida pelas leis de mercado e que se vinha constituindo como negócio nos centros urbanos internacionais.[1]

Essa conjuntura, adversa à propagação da palavra escrita, não impediu que ocorressem algumas experiências episódicas com gráficas clandestinas. O exemplo mais conhecido foi aquele do tipógrafo Antonio Isidoro da Fonseca, cuja tentativa de impressão no Rio de Janeiro, em 1747, custou-lhe a apreensão da tipografia e o exílio para Lisboa.

Então, como ficavam a divulgação de notícias de interesse da Metrópole e os registros das Câmaras, que deveriam circular nas cidades da Colônia? Na inexistência de jornais, cabia aos "bandos" a propagação das ordens do governo, isto é, a notícia lida em voz alta, nas praças públicas, por emissários do rei, anunciadas após o rufar dos tambores e, em seguida, afixadas na porta da residência da mais alta autoridade local. Quanto aos registros das Câmaras, ocorriam de forma manuscrita, assim como foi manuscrito o primeiro jornal que apareceu em São Paulo, o bissemanário O Paulista (1823), publicado pelo professor de gramática latina e retórica, Antonio Mariano de Azevedo Marques, "O Mestrinho". Os assinantes apanhavam o jornal na casa do redator e cada cinco assinantes recebia um exemplar. Isso, em pleno século XIX, logo após

---

1 MELLO, José Eduardo Marques de. *Sociologia da Imprensa Brasileira*. Petrópolis: Vozes, 1973. p.92, 94.

a Independência... O Brasil viveu seus três primeiros séculos de existência imerso em trevas, desconhecendo os meios de comunicação que já marcavam o cotidiano da Europa e de alguns países da América, visto que estava entre a forte repressão da Metrópole, o controle da Igreja e a ausência de mercado.

Essa situação mudaria, repentinamente.

Enfim, os primeiros prelos...

A transferência da Corte portuguesa para o Brasil, pressionada pela invasão napoleônica, foi o começo de tudo. Naquele mesmo ano (1808) a imprensa aportava no Rio de Janeiro com uma tipografia completa. Na grande esquadra que zarpara para o Brasil, trazendo por volta de 1.500 pessoas, vinham também os livros que faziam parte da Biblioteca Real. Imprensa e livros entravam pela primeira vez em caráter oficial no país. Mais que uma mudança física, de pessoas e objetos, tinha início — com forte intermediação da imprensa — a transformação que quatorze anos depois levaria a Colônia à sua Independência.

A abertura dos portos às nações amigas foi decisiva para romper com o tradicional isolamento do Brasil, inserindo-o numa inicial economia de mercado. Nesse novo quadro, a circulação de impressos tornou-se imprescindível, razão pela qual o príncipe regente D. João criou oficialmente a Imprensa Régia, em 13 de maio de 1808.

Em setembro foi lançada a *Gazeta do Rio de Janeiro,* que até 1821 foi a única publicação em forma de jornal do país. Daqueles prelos saiu todo tipo de impresso, inclusive, em 1813, a segunda revista periódica do Brasil, *O Patriota, Jornal Literário, Político e Mercantil.*

A *Gazeta do Rio de Janeiro* não foi o único jornal lido no Brasil naquele momento. Com maior qualidade, chegava regularmente, impresso em Londres, um sério concorrente: era o *Correio Braziliense,* de Hipólito José da Costa.

Experiência pioneira: *Correio Braziliense*

A liberação da imprensa incentivou um homem de visão a criar um jornal disseminador de idéias e questionador de rumos políticos. Considerado o primeiro jornalista do Brasil, o brasileiro Hipólito José da Costa, formado em Coimbra e exilado em Londres por razões políticas, iniciou da capital londrina, em 1º de junho de 1808, a publicação do jornal *Correio Braziliense.* Antecipava-se à circulação da *Gazeta do Rio de Janeiro,* cujo primeiro número sairia quase três meses mais tarde.

O *Correio Braziliense* punha a Colônia em contato com o mundo, trazendo as notícias internacionais ao Brasil e informando sobre a independência das demais colônias americanas. Segundo Alberto Dines, o nosso primeiro jornalista realizou dupla façanha: "a publicação em Londres do primeiro periódico jornalístico brasileiro e do primeiro veículo livre de censura da imprensa portuguesa."[2] Circulou mensalmente até dezembro de 1822, totalizando 175 números de 96 a 150 páginas.

Ambos os jornais – *Gazeta do Rio de Janeiro* e *Correio Braziliense* – teriam praticamente a mesma duração e encerraram suas atividades às vésperas da Independência.

Em terras brasileiras, o novo contexto incentivou ações de particulares, que arriscaram negócios próprios de impressão gráfica. O mais importante deles data de 1811, na Bahia, iniciativa de Manuel Antonio da Silva Serva, cuja gráfica publicou a gazeta *Idade D'Ouro do Brasil,* que se

---

2 Prefácio ao vol. XXX da edição fac-similar do *Correio Braziliense,* ou *Armazém Literário.* Hipólito José da Costa. São Paulo: Imprensa Oficial do Estado; Brasília: *Correio Braziliense,* 2002, p.9.

estendeu até 1819. Também no Recife, por volta de 1815, Rodrigo Catanho importava uma tipografia que seria de muita utilidade na Revolução Pernambucana, de 1817.

Essas raras manifestações registradas ao tempo da Colônia ocorreram nas poucas cidades que se constituíam em centros administrativos ou de algum consumo, nas quais uma publicação tinha razão de ser, fosse por necessidades do governo (caso da *Gazeta do Rio de Janeiro*), por propaganda política (*Correio Braziliense*, em Londres), como negócio gráfico (*Idade D'Ouro do Brasil*, em Salvador), como instrumento político (Gráfica de Rodrigo Catanho, em Recife).

No entanto, um dos maiores entraves para aquela atividade advinha do peso da censura que pairava sobre todo o Império português, situação que mudaria, em parte, após 1821.

Entre *Revérberos, Malaguetas, Macacos e Papagaios*

No ano de 1821, a nova Constituição das Cortes de Lisboa aprovava o fim da censura. No Rio de Janeiro, o príncipe regente D. Pedro antecipou-se à lei determinando pelo Aviso de 28 de agosto de 1821 que não se criasse nenhum obstáculo à impressão de escritos.

Seguiu-se então o jornalismo apaixonado das campanhas liberais, definidor de práticas e posturas que subsidiaram o processo de Independência do Brasil. Por aquelas folhas, gazetas, pasquins e panfletos, de duração efêmera, delinearam-se linhas editoriais como expressão de grupos políticos inflamados, registros do jornalismo polêmico e contestador da emergência da nação. Como demonstrou Isabel Lustosa, foram aqueles "Insultos Impressos" que acabaram por fazer o Fico, fomentaram o movimento de Independência e alimentaram o encaminhamento da Pri-

IMPRENSA E CIDADE

meira Constituição Brasileira. Uma imprensa que nascia nacionalista e antilusitana.[3]

É vasto o repertório de folhas que marcaram aquele especial momento de transição. Em defesa da situação, favoráveis à manutenção dos laços com Portugal, circularam *O Bem da Ordem* (1821) e *O Conciliador do Reino Unido* (1821). Posicionando-se contra as Cortes na defesa dos interesses do Brasil vieram *O Revérbero Constitucional Brasileiro* (1821), *O Espelho* (1821), *A Malagueta* (1821); questionador e sagaz, sobreveio *O Correio do Rio de Janeiro* (duas fases, 1822 e 1823). Instigantes, ousados e nativistas foram os jornais *O Macaco Brasileiro* (1822) e *O Papagaio* (1822).

Dos *Sentinelas* para os *Auroras*

A Independência proclamada em 1822 fez da imprensa o veículo preferencial de divulgação do processo emancipador do país. Circularam então com destaque o *Diário do Governo* (1823), antiga *Gazeta do Rio de Janeiro, O Tamoio* (1823), *A Sentinela da Liberdade à Beira do Mar da Praia Grande* (1823), *A Estrela Brasileira* (1823), *O Silpho* (1823).

Nesses impressos estão as contribuições de nossos jornalistas inaugurais, inclusive do Imperador. Na sua maioria da elite local, esses redatores eram formados na Universidade de Coimbra ou provinham dos quadros da Igreja. Como notáveis oradores sacros figuram naquela imprensa Monsenhor Januário da Cunha Barbosa, d' *O Revérbero Constitucional,* e o cônego Francisco Vieira Goulart, d' *O Bem da Ordem*, lembrando também os combativos panfletos do Padre Perereca.

* * *

---

3 LUSTOSA, Isabel. *Insultos Impressos.* A guerra dos jornalistas na Independência. 1821-1823. São Paulo: Companhia das Letras, 2000.

Mais veementes na defesa da liberdade registram-se as atuações de Joaquim Gonçalves Ledo em *O Revérbero Constitucional* e do baiano Cipriano Barata, no *Sentinela da Liberdade*. Envolvidos no mesmo ideal, traziam sua experiência de fora o italiano da Sardenha Joseph Stephano Grondona, responsável pelo *A Sentinela da Liberdade à Beira do Mar da Praia Grande,* e o português Luiz Augusto May, redator de *A Malagueta*.

Seria no período subseqüente que a imprensa brasileira se faria representar por um dos mais qualificados órgãos políticos do período: o jornal *A Aurora Fluminense,* que não conheceu a vida efêmera dos pasquins, estendendo-se por oito anos. Fundado em dezembro de 1827 pelo liberal moderado Evaristo da Veiga, livreiro e deputado por Minas Gerais, apresentava proposta intermediária às publicações da época, isto é, conter os arroubos absolutistas de D. Pedro I e também os ímpetos dos jornais radicais, a exemplo de *A Nova Luz Brasileira* (1829), *O Repúblico* (1830) e o *Jurujuba dos Farroupilhas* (1831).

Nessa produção marcada por vocábulos prenunciadores da esperança – *Aurora Pernambucana* (1821), *Aurora Fluminense* (1827) – e da posição de alerta dos tantos *Sentinelas*, insinuou-se a veia jocosa, vocação do país em divulgar os acontecimentos de forma caricata: o *Diário do Rio de Janeiro* (1821), ocupando-se das questões locais cotidianas que, pela popularidade, passou a ser chamado de *Diário do Vintém*, em razão do preço, e também *Diário da Manteiga*, porque informava o preço daquele produto. Daí para os jornais de caricaturas foi um passo.

Quanto à imprensa política, que conheceu momentos de altivez e postura qualificada, caiu no achincalhe verbal, valendo-se de termos chulos. A fala solene do púlpito, as mensagens de vocabulário castiço de "preito ao rei" deram lugar ao texto informal e irreverente do jornalismo local.

IMPRENSA E CIDADE

Essa linguagem textual engataria com aquela ilustrada da Regência quando, mais que a palavra, coube à imagem reproduzir o cotidiano e criticá-lo até de forma perversa. Para esse jornalismo doutrinador e caricato, foi comum o uso do anonimato, conseqüência da permanente repressão que presidira o país.

Império de poucas cidades e fracas letras

A atmosfera de culpa e medo que marcara a Colônia em parte se rarefaz no Império, diante do avanço das idéias liberais. Mas a mudança fundamental ainda não ocorrera. Em lugar da República laica vingara a Monarquia católica, com Igreja e Estado compartilhando o poder, cerceando educação e mentes.

A economia rural, assentada na escravidão concentrada no campo, contribuiu para a permanência da incipiente rede urbana, composta de aglomerados que estavam longe de figurar como cidades com dinâmicas próprias. Jornais e algumas revistas podiam ser adquiridos apenas nos centros administrativos de maior expressão, cujo quadro burocrático, presumivelmente leitor, consumia impressos.

A começar pelo Rio de Janeiro, sede da Corte, com cem mil habitantes, abrigando comunidades estrangeiras ávidas por negócios. Ali, o jornal era o veículo disseminador de notícias, inclusive em língua estrangeira. Salvador e Recife prosseguiam com a imprensa remanescente dos tempos coloniais, assim como Vila Rica e São João Del Rey, em Minas Gerais; cidades da província do Rio Grande (atual Rio Grande do Sul) já possuíam prelos, chegando a imprimir livros redigidos por mulheres; São Paulo, núcleo acanhado, antes mesmo que o café lhe mudasse a fisionomia, abrigava uma Faculdade de Direito, geradora de idéias, escritos e jornais, figurando como centro promissor do jornalismo no Brasil.

Contudo, a disseminação da palavra se fazia de forma lenta naquele exótico Império tropical, a julgar pela limitada evolução da Impressão Régia. Os primeiros equipamentos de 1808 só seriam substituídos em 1845 por prelo mecânico; em 1877 iria se reequipar por meio de módico investimento, para modernizar-se com a República, quando adquiriu uma Active, de Marinoni, e duas Alauzet. A primeira rotativa chegaria só em 1902.

Assim como o jornalismo da Independência se fizera por uma imprensa política até expressiva para o meio, também naquele do Império os jornais e gazetas disseminaram-se em função da propaganda política e da crítica ao governo. E não abrigaram só a contestação. Naquele momento, a busca da identidade nacional passava pela criação de uma literatura pátria e coube àquela imprensa divulgar a produção literária local.

Do púlpito à academia

O local dessa produção foi a primeira faculdade de cunho humanístico do país, a tradicional Academia de Direito do Largo de São Francisco, em São Paulo, criada em 11 de agosto de 1827, junto com a Faculdade de Direito do Recife.[4]

Daquela célula de produção de letrados saíram novas gerações familiarizadas com a palavra impressa, que fizeram da imprensa o instrumento de sua ação. Interrompiam a cadeia de escritos produzidos quase que exclusivamente por representantes do clero ou pelos egressos da Universidade de Coimbra e transferiam a oratória sacra dos

---

4 Ver: MARTINS, Ana Luiza; BARBUY, Heloisa Arcadas. *História da Faculdade de Direito da Universidade de São Paulo*. São Paulo: Alternativa/Melhoramentos, 1999.

púlpitos para o impresso que circulava no espaço urbano. Ali, a imprensa tornou-se instrumento decisivo para o exercício da política.

À Faculdade de Direito estão ligados o primeiro jornal impresso local, o *Farol Paulistano* (1827), com redatores dos quadros da recém-criada Academia; o segundo jornal, de oposição ao absolutismo, *O Observador Constitucional* (1829) do médico italiano Líbero Badaró; o primeiro jornal diário da cidade, *O Constitucional* (1853), com quatro páginas; o *Correio Paulistano* (1854), primeiro grande jornal da imprensa paulistana.

Entre *O Paulista* (1823) e o *Correio Paulistano* (1854), só na Capital, circularam 64 periódicos, em geral de curta duração, mas servindo a dois propósitos: às correntes políticas em curso e à produção de uma literatura nacional. Seus editores e redatores, na maior parte, provinham dos bancos da tradicional Escola de Direito. Em 1875, formando seus quadros com ex-alunos, nascia o jornal *A Província de S. Paulo*, atual *O Estado de S. Paulo*, até hoje em circulação.

Naquela produção confirmava-se a tradicional e universal divisão do periodismo: aos jornais, a função de combate, a imprensa política; e às revistas, a reflexão temática aprofundada, a imprensa literária.

A oportunidade das revistas

O formato revista merece consideração no processo histórico da imprensa brasileira, espaço alternativo, senão único, para o literato colocar-se em letra impressa. A modalidade esteve presente na Colônia, foi expressiva no Império e difundiu-se como gênero de sucesso no país. Seu caráter de leitura ligeira e amena, acrescido do recurso da ilustração, adequava-se ao consumo de uma população sem tradição de leitura, permitindo a assimilação imediata da mensagem.[5]

Sua introdução no Brasil também ocorreu por um modismo, dado que o gênero vinha se consagrando na Europa como espaço suplementar para a publicação de textos literários e/ou científicos. Na qualidade de abrigo literário editaram-se as duas revistas inaugurais do Brasil: na Bahia, *As Variedades ou Ensaios de Literatura* (1812); no Rio de Janeiro, *O Patriota, jornal literário, político e mercantil* (1813), trazendo no título termo proibido na época, de cunho revolucionário, suscitando o sentimento nativista.

Marcante, entretanto, foi o lançamento de *Niterói, Revista Braziliense, Ciências, Letras e Artes* (1836), em Paris. Com a chamada "Tudo pelo Brasil e para o Brasil" pretendia ser de alta cultura, idealizada pelos representantes de nossa primeira geração literária romântica: Gonçalves de Magalhães, Salles Torres Homem, Araújo Porto-Alegre e Monglave.

Um gênero de revista sobressaiu no quadro da imprensa do Império, representação daquele tempo cultural adverso: as revistas ilustradas de caricaturas, que através do humor e do chiste espelharam o cotidiano do país e marcaram nossa formação. Foi esta modalidade que obteve enorme sucesso, nas terras de fracas letras, população escrava, forte censura e iniciante mercado consumidor.

"Rindo se criticam os costumes"

A comunicação pelo humor e pela caricatura ganhou relevo no país avesso à propagação da palavra escrita. A válvula de escape do *humor* funcionou como antídoto con-

---

5 Ver: MARTINS, Ana Luiza. *Revistas em revista*. Imprensa e práticas culturais em tempos de República. 1890-1922. São Paulo: Edusp; Imesp; Fapesp, 2001, especialmente Capítulo I. p.38 a 110.

tra a censura vigente, bem como o *desenho*, como expressão plausível de fácil e imediata comunicação.

Da oralidade divertida registrada na Colônia, chegou-se rapidamente à proliferação do desenho satírico do papel impresso da Regência, constituindo-se o traço caricaturado numa das linguagens de maior aceitação do Brasil. Isso ocorreu não por obra imediata da introdução dos prelos, em 1808, mas por arte dos tantos transplantes que pontuaram nosso ansioso e desesperado ajuste com o tempo cultural dos países ditos "adiantados", sobretudo quando ateliês e/ou oficinas litográficas, engendrando um mercado, subsidiaram as iniciais ilustrações.

O recurso da ilustração periódica também vinha na esteira de um modismo – aquele dos jornais caricatos que faziam sucesso na Europa. Em particular na França, onde o talento do caricaturista Honoré Daumier (1808-1879) imprimia em desenho as contradições e ironias da Paris pós-revolução burguesa de 1830, num quadro de barateamento das ilustrações e multiplicação das folhas periódicas, espaços de liberdade e recreação.

Não seria diferente no Brasil, onde os modismos não tardavam a chegar. Desta vez, através de Manoel de Araújo Porto-Alegre (1806-1879), talentoso pintor brasileiro que vivenciou a experiência em Paris, transplantando-a para o Rio de Janeiro. Há consenso em atribuir-lhe a veiculação da primeira caricatura no Brasil, impressa no *Jornal do Comércio* (1827), no ano de 1837. O tema? Uma cena de suborno, metáfora prenunciadora e recorrente até nossos dias da corrupção no país. Em 1844 lançou um dos primeiros jornais de caricatura do Brasil Independente, irônico e engraçado: *A Lanterna Mágica – Periódico Plástico-Filosófico*.

Não tardou para que outros impressores, ilustradores e jornalistas de talento investissem no gênero, que se propagou por todo o Império como uma das formas de expressão mais festejadas do período, sobretudo pelos artistas estrangeiros, que sentiram no jovem país oportunidades para seus talentos. A começar pelo alemão Henrique Fleuiss, que aqui chegou em 1853, e como tipógrafo imperial produziu um dos raros periódicos de caricaturas favoráveis ao Monarca: *A Semana Ilustrada* (1860); em 1854, aportava o piemontês Angelo Agostini, que se opôs frontalmente à monarquia; em 1874, o italiano Luigi Borgomainerio, diretor artístico do importante jornal humorístico italiano *Spirito Foletto*; em 1875, era a vez do português Rafael Bordalo Pinheiro, crítico mordaz e inspirado.

Valeram-se da pedra litográfica como suporte técnico, e da crítica política como mensagem de comunicação. A litografia permitia a reprodução de custo baixo no território sem tradição de prelos, e a mensagem se infiltrava decisivamente em meio à sociedade reprimida pela Igreja, pelo Estado e pelo regime escravo. As três temáticas – Igreja, Governo e Escravidão – foram recorrentes no lápis de sebo de carneiro daqueles caricaturistas, que investiram especialmente contra a benevolência dos títulos nobiliárquicos, o obscurantismo religioso, a presença retrógrada da instituição escrava, as crises ministeriais. Nessa produção, em meio às nuanças em preto-e-branco, surgia o monarca D. Pedro II, figura caricata preferencial do período.

Outros assuntos caminhavam em paralelo, como a retratação caricata e cruel da Guerra do Paraguai e a introdução apressada da modernidade técnica no país tocado a escravos, sobretudo por companhias mercantis estrangeiras, que aproveitaram o momento para infiltrar capital externo no país.

Assim, na imprensa que se construía à sombra do modelo francês – inclusive adotando o folhetim de pé de página –, foram colocadas estorietas ilustradas não menos rocambolescas, que introduziram no Brasil a caricatura como narrativa, recurso poderoso que educava, fazia rir, enfeitava e potencializava uma iniciante imprensa das letras.

Rede urbana e folhas volantes na esteira do café

Entre a imagem que fazia rir e o texto pomposo dos bacharéis, ao alcance de poucos, documentava-se o remanso do Império, com poucas cidades, seguindo curso pacato de uma economia fechada e dependente em tudo do comércio externo.

Essa situação mudaria em parte na segunda metade do século XIX, ao compasso de nossa balança comercial de exportação, onde o café, desde 1830, tornara-se produto de exportação destacado. Em seu rastro, sobrevieram transformações importantes. A primeira delas foi a implantação da ferrovia, inaugurada no Rio de Janeiro, em 30 de abril de 1854, quando o trem figurou como móvel transformador que imprimiu outro ritmo ao Império, marco também do crescimento da rede urbana, da circulação das idéias e do desenvolvimento da imprensa no país.

A agilização da notícia, agora transportada pelo trem, dava significado para uma imprensa que se expandia por regiões de maior população, especialmente pelo fluxo imigratório para fazendas de café do interior. Na seqüência, a melhoria técnica advinda da introdução do telégrafo e do cabo submarino passou a dar sustentação à produção do jornal, transformando-o em negócio potencialmente rentável. Muitas gráficas artesanais surgiram nos centros urbanos nascidos à sombra do café, dando origem ao jornal do interior das províncias, iniciativa de agentes sociais anônimos, acreditando na ação modificadora dos prelos.

No último quartel do século XIX, pelas folhas da Corte e mesmo do interior, o questionamento do sistema se acirrou, centrado em três temas recorrentes: a campanha da abolição; as crises entre a Igreja e o Estado (a chamada Questão Religiosa); e a insatisfação dos militares com o Império (a chamada Questão Militar). Todas elas foram habilmente trabalhadas pelos jornalistas de plantão, contrapondo uma Monarquia que sufocava à idéia de uma República que libertava.

Imprensa propagandística

Em torno de 1870 gravitam fatos decisivos para o curso histórico do país. Na sede da Corte, fundava-se o *Partido Republicano*, criava-se o jornal *A República* e lançava-se um *Manifesto Republicano,* assinado pelos "bacharéis-jornalistas" Quintino Bocaiúva, Saldanha Marinho e Salvador de Mendonça, nomes que se ligariam à história da imprensa do país.

O ideal republicano – acalentado no Brasil desde o século XVIII – retornava sob a pena dos jornalistas, como programa de partido, através da criação de uma imprensa partidária.

Entre 1870 e 1885 essa propaganda republicana reuniu poucos partidários no país. Mas a idéia de República foi liderada e difundida por uma imprensa vivaz, na qual militaram estudantes, jovens oficiais, cafeicultores do sudeste e, em especial, os quadros do PRP (Partido Republicano Paulista).

Em São Paulo, o *Correio Paulistano* convertia-se em órgão liberal, agasalhando atos oficiais dos republicanos. A *Gazeta de Campinas* (1869) abrigou ninho de republicanos. A criação do jornal *A Província de São Paulo* (1875), a despeito das bases de sua organização enfatizarem que o jornal "não é órgão de partido algum, nem advoga interesse de qualquer deles", levou seus acionistas a divulgar atos oficiais do PRP; inclusive um "Boletim Republicano", redigido por Rangel Pestana e Américo de Campos. Republicano também o *Diário Popular* (1884), embora se declarasse voltado apenas aos "interesses municipais".

Datam daquela época as inúmeras pequenas folhas de proposta republicana que se espalharam pelas cidades alinhadas no roteiro do café, precárias na fatura e de curta duração, mas de inspiração republicana. Em campanha orquestrada – em geral presidida por membros das Lojas Maçônicas – propagavam as Luzes, veiculavam a criação de escolas de primeiras letras, escolas noturnas para alfabetização de adultos e escravos, bibliotecas populares e pregavam a República, como tentativas preliminares de construção do cidadão.[6]

A imprensa das demais capitais, inclusive da Corte, mantinha-se monarquista, apesar de os jornais *O País* (1884), *A Gazeta de Notícias* (1875) e *Diário de Notícias* (1875) insistirem na defesa do regime republicano por vários colaboradores. Era o caso de *O País*, cujo diretor, Quintino Bocaiúva, dava espaço para as crises do governo, especialmente no caso da Questão Militar. Republicano assumido, representava a linha evolucionista do Partido, que propunha a mudança do regime sem revolução, em contrapartida a Silva Jardim, da ala revolucionária, que se valeria da palavra na imprensa e nos comícios para a contestação radical à Monarquia.

Jornalismo abolicionista

Mais intensa e arrebatadora, pois redigida pelos talentosos literatos do Romantismo, desencadeou-se pela imprensa a Campanha Abolicionista. O tema foi divulgado como

---

6 MARTINS, Ana Luiza. *Gabinetes de leitura da Província de São Paulo*: a pluralidade de um espaço esquecido. São Paulo, 1990. Dissertação (Mestrado em História) – USP.

bandeira do Partido Republicano, provocando graves cisões em seu interior, quando a luta pela emancipação e/ou libertação do cativo foi assumida paralelamente, caminhando no mesmo passo àquela republicana. A cada linha de atuação, emancipacionista ou abolicionista, e a cada sociedade libertadora ou clube abolicionista correspondeu um jornal. Valendo-se da retórica habitual – mesclada pela poesia romântica e pela oratória bacharelesca –, transplantaram a causa da abolição para a imprensa, reconhecida como a mais popular das campanhas até então difundidas no país.

Toda uma figuração se mobilizou naquela pregação da imprensa, manifestada pelo uso das camélias nas lapelas ou pelas capas pretas dos caifases, o grupo radical de Antonio Bento, proprietário do jornal *Redenção* (1887), marco do desenrolar da campanha abolicionista. Assim também foi a atuação de José do Patrocínio, o jornalista fulgurante naqueles últimos anos da Monarquia, em que militaram com brilho, Rui Barbosa, Joaquim Nabuco, Raul Pompéia.

Até aqui, a cena coube à imprensa escrita. Mas papel igualmente decisivo, por vezes mais categórico, estaria reservado à imprensa ilustrada. Nela, a *Revista Ilustrada* (1876), do piemontês Angelo Agostini (1843-1910), que chegara ao Brasil em 1854, com 16 anos, após ter passado a adolescência em Paris – politizado, talentoso, perspicaz, ousado –, foi o legado mais expressivo e formador de escola.

De sua produção paulista tem-se a contribuição de *O Diabo Coxo* e *O Cabrião*, ambos de 1866, que tinham a Igreja como alvo sistemático. No Rio de Janeiro, estreou com *O Arlequim* (1867), atuou na *Vida Fluminense* (1868) e em 1876 iniciou sua vitoriosa *Revista Ilustrada*, em sociedade com Paul Théodore Robin, proprietário de qualificada oficina a vapor. Ali investiu todo seu talento e obstinação no combate à escravidão.

FIGURA 1. *O CABRIÃO* (1866-1867). SÃO PAULO: 6 JAN. 1867, ANO I, N.14, ILUSTRADO POR ANGELO AGOSTINI E REDIGIDO POR AMÉRICO DE CAMPOS E MANOEL DOS REIS.

As páginas de comemoração da Abolição da Escravatura, em 13 de maio de 1888, e aquela da Proclamação da República, em 15 de novembro de 1889, fecham um ciclo e permitem uma conclusão. Parte daquela história fora feita e contada nas páginas periódicas da imprensa político-literária em que surgiu o jornalismo no Brasil. Exemplo mais acabado, o jornal O *Estado de S. Paulo*, nascido no curso desses acontecimentos, serviu a essas campanhas e por elas mobilizou-se, em busca de um projeto para a nação, atuante até o presente.

Breve balanço

Como saldo do Império, no país que ainda não dispunha de casas editorais, coube ao jornal acolher a política, a literatura e qualquer manifestação relativa à palavra impressa, único espaço onde escritores de talento colocaram-se em letra de forma. Sob a marca do romantismo, teve em José de Alencar um dos expoentes, fosse como jornalista ou literato; na seqüência, tem-se o legado de Machado de Assis, cronista e folhetinista dos principais jornais da Corte, construindo no âmbito da imprensa não só a crítica sutil ao Império escravocrata, mas a obra literária de abrangência internacional.

Assistiu-se também à tímida introdução do "reclame", que enfeitava as páginas do jornal de produtos importados e envolvia o leitor, por meio de tiragens ampliadas pelas modernas máquinas *Alauzet*. Era o engatinhar da publicidade.

Cumprira-se a fase heróica do jornalismo brasileiro, arrebatado pelos ideais de gerações que fizeram da imprensa o instrumento eficaz de crítica ao regime, arauto quase exclusivo das forças descontentes. Seu principal agente — proveniente ou originário das Faculdades de Direito do país — trazia na bagagem o jornalismo de combate, conjugando a causa política, a linguagem empolada e os compromissos literários. Nasce daí a construção da mística republicana como proposta de modernidade.

Como diferencial do período — em que o anonimato também foi uma constante — registrava-se a ampla liberdade de expressão, propulsora daquela rica produção, de credos diversos e ensaios múltiplos, em busca do ideal maior: a construção da nação.

Apesar das vozes republicanas dissonantes, a imprensa do Império como um todo guardou forte orientação monarquista, com manifestações de jornalismo áulico de exaltação ao Imperador, até as vésperas do golpe militar. Ato contínuo ao 15 de novembro, porém, essa imprensa de caráter monarquista se transformaria em imprensa republicana.

2 Imprensa profissionalizada (1889 a 1930)

O Brasil transforma-se, civiliza-se. Hoje o jornalismo é uma profissão, quando antigamente era um meio político de ascender; hoje o escritor trabalha para o editor.

João do Rio

A imprensa que anuncia a República iniciou morna, senão temerosa. Com exceção da *Revista Ilustrada* e da *Tribuna Liberal* – francamente republicanos –, os jornais do dia seguinte à proclamação veicularam o novo regime com divisas apolíticas, insistindo na necessidade de manter a ordem. Até mesmo a partida da família real, na calada da noite, foi veiculada de forma corriqueira pela *Gazeta de Notícias*.[1] Esse trato banal do fato foi também reproduzido na imprensa estrangeira, que se mostrou surpresa, sobretudo, com a ruptura de um regime sem derramamento de sangue.

Naquela cena inicial republicana, a censura não tardou. Em 23 de dezembro de 1889 o Governo Provisório baixava severo decreto de censura à imprensa, espalhando medo. Conhecido como *Decreto Rolha*, previa penas militares de sedição para os que conspirassem contra o governo "por palavras, escritos ou atos". Assinavam o do-

---

1 VILLA, Marco Antonio. *A queda do Império*. Os últimos momentos da Monarquia no Brasil. São Paulo: Ática, 1996. p.94.

cumento o Marechal Manoel Deodoro da Fonseca, chefe do Governo Provisório, e todo seu ministério: Benjamin Constant Botelho de Magalhães, Manuel Ferraz de Campos Salles, Rui Barbosa, Eduardo Wandenkolk, Quintino Bocaiúva, Demétrio Nunes Ribeiro, Aristides da Silveira Lobo.[2]

Vale observar nesses nomes a presença de republicanos históricos, alguns militando na imprensa, a exemplo de Campos Salles, Quintino Bocaiúva e Aristides Lobo; os dois últimos, jornalistas de profissão. Assim, qualquer sugestão de cerceamento à palavra soava estranha, vinda de um grupo afinado com a inaugural República laica, que se pretendia liberal.

Uma das raras vozes a questionar o novo regime pela imprensa foi a de Eduardo Prado, monarquista convicto que mais tarde responderia pelo jornal O Comércio de S. Paulo (1893), de franca oposição ao governo. Seu protesto inicial foi por meio de uma revista estrangeira, a Revista de Portugal (1889), dirigida por Eça de Queiros, na qual indagava: "Que valor tem a opinião dos jornais, se, nesse mesmo dia, era anunciada a supressão da imprensa da oposição?".[3] No entanto, o controle da palavra impressa não se limitou ao texto da lei, mas traduziu-se em inúmeras prisões de jornalistas, sobretudo no Maranhão, Pernambuco, Rio de Janeiro e Rio Grande do Sul.

Em 22 de novembro de 1890, novo decreto restaurava a liberdade de imprensa, mas se tornou letra morta. Os artigos de Eduardo Prado contra Deodoro e o Exército, publicados n'A Tribuna Liberal (1888) do visconde de Ouro Preto, resultaram no empastelamento daquele jornal, com atos de

---

2 Decreto nº 85 de 23 dez 1889. In: Decretos e resoluções do Governo Provisório. Rio de Janeiro: Tip. Nacional, 1890. p.316, 317.

3 PRADO, Eduardo. Fastos da Ditadura Militar. São Paulo: Livraria Magalhães, 1923. p.26.

IMPRENSA E CIDADE

violenta agressão e morte do revisor João Ferreira Romariz – apesar do pedido prévio de segurança que Antonio de Medeiros, seu diretor, dirigira ao próprio Deodoro.

Logo, a censura difundiu-se, incidindo na intervenção dos centros de reação monarquista, efetivada sob a truculência da força policial, com divulgação atenuada nas folhas diárias, em que se insistia no "caráter pacífico" das operações. Mas, superado esse inicial momento de confronto e, especialmente, após a ascensão dos presidentes civis, teria início uma nova fase da imprensa brasileira.

No compasso da virada do século, regido pelo capitalismo dos países de economia hegemônica – então Inglaterra e França – e internacionalmente aberto às conquistas da ciência e da técnica, também o Brasil, inaugurando a nova ordem republicana, de inspiração positivista, buscava seu lugar na modernidade do mundo. A imprensa foi o espaço no qual esse embate aconteceu com mais visibilidade. Em ritmo acelerado, das gráficas artesanais do Império passava-se à imprensa com foros de indústria, da República.

"Tempos Eufóricos"[4]

O jornalismo que marcou a Primeira República foi vibrante e decisivo nos destinos do país, muito embora tenha sido nesse mesmo período que a compra da opinião da imprensa pelo governo tornou-se rotina.

Essa fase próspera resultou da especial conjuntura vivida pelo país, definida pelo momento econômico de apogeu do café e diversificação das atividades produtivas; pela nova ordem política republicana, com programas de alfabetização e remodelação das cidades; pela agilidade in-

---

4 Ver: DIMAS, Antonio. *Tempos eufóricos*. Análise da revista Kosmos. 1904-1909. São Paulo: Ática, 1983.

troduzida pelos novos meios de comunicação; pelo aperfeiçoamento tipográfico e avanços na ilustração, enquanto as máquinas impressoras atingiam velocidades nunca vistas. A imprensa mais profissionalizada passou a figurar como segmento econômico polivalente, de influência na melhoria dos demais, visto que informações, propaganda e publicidade nela estampadas influenciavam outros circuitos, dependentes do impresso em suas variadas formas. O jornal, a revista e o cartaz – veículos da palavra impressa – potencializavam consumo de toda ordem.

Apesar desses avanços, a imprensa brasileira ainda estava longe de sua "fase de consolidação" como quer Juarez Bahia e mesmo da "grande imprensa", como afirma Nelson Werneck Sodré.

Lins e Silva, numa perspectiva temporal mais ampla, relativiza o avanço: "a importação de máquinas, a adoção de técnicas, a compra de serviços de agências, a incorporação de valores do jornalismo americano são todos sinais importantes do desejo de fazer do jornal um negócio. Mas a falta de condições na economia local de sustentar essa vontade faz que ela se frustre, embora alguns jornais consigam sobreviver (como o *Jornal do Brasil* e *O Estado de S. Paulo*, ambos inaugurados no século XIX e ainda hoje entre os quatro maiores diários do país)".[5]

Logo, o que vai permear sua trajetória é a sucessão de tempos diversos num jornalismo de modernidade contraditória. A República que se queria dos cidadãos, e ávida de progresso, assentada numa economia de mercado – mas recém-saída da escravidão –, espelhou as contradições da modernidade posta em contexto adverso, assistindo apenas ao engendrar da imprensa como negócio.

---

5 SILVA, Carlos Eduardo Lins da. *O adiantado da hora*. A influência americana sobre o jornalismo brasileiro. São Paulo: Summus, 1991. p.63, 64.

IMPRENSA E CIDADE

Tempo, espaço, velocidade e técnica potencializadas permitiram crescimento no setor, ainda que num país sem tradição editorial, mas cuja capital da República, cosmopolita, esforçava-se por juntar-se à vanguarda do jornalismo; país onde, repentinamente, brotara um empório comercial vigoroso – a cidade de São Paulo e algumas capitais do país – engrenagens que punham em funcionamento os recursos viabilizadores de crescimento, testemunhados por uma imprensa vivaz.

Do telégrafo internacional – ponte invisível, que magicamente nos ligava ao "mundo civilizado europeu" – aos caminhos de ferro, tudo se mobilizava para o desfrute intenso das maravilhas do novo século, por meio do veículo imprensa. Naquele momento, em particular, pelas revistas, gênero privilegiado em relação ao jornal, pela melhor resolução gráfica dos então ultramodernos recursos visuais recém-apropriados como a zincografia e a fotografia. Para os jornais, reservava-se a linotipia, o clichê a cores e, em breve, a rotogravura.

A base indispensável à sustentação da grande empresa editorial se erguia. Configurava-a, sobretudo, a adoção sistemática da propaganda e publicidade, a aplicação de capitais, a atração de público consumidor – representado pela emergência de uma classe média urbana –, a evolução técnica do impresso e, ainda que timidamente, os incentivos à aquisição e/ou fabricação de papel.

Para melhor apreender as conquistas quase instantâneas desse universo em franco progresso gráfico, convém ressaltar várias de suas instâncias, a começar pelo profissional deste novo quadro.

Entre literatos e jornalistas – a profissionalização do setor

Com a República, o jornalista ascende a postos de comando, compõe os quadros do poder, ganha outra visibilidade e se impõe como profissional. Aristides Lobo, Rui Barbosa e Quintino Bocaiúva tornam-se ministros do novo governo.

Em geral, foram literatos que se improvisaram em profissionais da imprensa, tornando-se figuras influentes no cotidiano urbano. Paladinos da Ordem e do Progresso na República dos cidadãos convertem-se, quase sempre, em agentes a serviço de grupos, classes e, sobretudo, de partidos políticos, numa imprensa que tinha o poder de tendenciosamente selecionar políticos, fazer governos, decidir eleições.

Logo, o literato profissionalizou-se por meio do jornalismo, pois havia um fato real: pagava-se! Os jornais introduziram tabelas fixas para salários, contemplando com valores substanciosos nomes de expressão no panorama político e literário. Isso desencadeou muito questionamento e crítica. Intelectuais bem-sucedidos, que também atuavam com sucesso na propaganda, especialmente Coelho Neto e Olavo Bilac, tornaram-se alvos preferenciais dos ataques.

Em 1890, Joaquim Nabuco aceitou o convite de Rodolfo Dantas como correspondente na Inglaterra; Euclides da Cunha, então tenente reformado, foi contratado em 1897, pelo jornal *O Estado de S. Paulo,* como correspondente para a cobertura da revolta de Canudos. Era a novidade do repórter no campo de batalha.

Estava criado o mercado jornalístico, com hierarquias e tabelas de pagamento definidas. Secretário ou redator-chefe recebiam os maiores salários, seguidos de redatores, repórteres e colaboradores avulsos.

Naquele momento, o escritor Lima Barreto, com aguda consciência das leis do novo mercado que afastavam o profissional que não pactuasse com o sistema, colaborou com várias revistas que solicitaram sua colaboração, fosse pago ou mesmo fazendo o trabalho gratuitamente. Já Paulo

IMPRENSA E CIDADE

Barreto, de pseudônimo João do Rio, com trânsito nas páginas sociais da imprensa frívola e elegante daquela *Belle Époque* exercitou a reportagem, consagrando o gênero. A transformação da pauta desse jornalismo confinou o literato às páginas das revistas. Data desse momento a proliferação das revistas, espaço alternativo aos excluídos da imprensa política. Revistas de variedades em sua maioria, em razão da segmentação ainda difusa, e fartamente ilustradas pelos novos recursos gráficos que ali apresentavam melhor resolução.

A passagem do literato para o jornalismo, contudo, não foi fácil, obrigado a uma escrita de circunstância, pouco qualificada, assim lamentada por Lobato:

> O jornal nos sufoca todas as tentativas de literatura, com seus repórteres analfabetos, com a sua meia língua engalicada ... os autores dessa copiosíssima flora cogumelar de jornalecos e revistas que inunda o País inteiro, é a mesma no Maranhão e na Caçapava riograndense ...[6]

Apesar da crítica corrente, a profissionalização do literato na imprensa era fato irreversível. Oscilando entre o apego às letras e o exercício jornalístico, tornou-se figura poderosa, temida e adulada, emergindo como agente social diferenciado.

No entanto, como categoria, os jornalistas estavam desorganizados, ao contrário dos gráficos, que já possuíam sua organização sindical. Em 7 de abril de 1908, pelo empenho de Gustavo Lacerda, jornalista socialista persistente, ocorreu a criação da Associação de Imprensa que, em 1913, passaria a se chamar Associação Brasileira de Imprensa (ABI). Nascera desacreditada, com apoio de poucos jornais, nas dependências de *O País*, jornal que fora de

---

6 LOBATO, Monteiro. *A barca de Gleyre*. Quarenta anos de correspondência literária entre Monteiro Lobato e Godofredo Rangel. São Paulo: Brasiliense, 1948. v.2, p.70; v.I, p.227.

Modernidade técnica

Quintino Bocaiúva. A sede própria só viria em 1932 e, em 1938, Getúlio ali assinaria a lei reguladora do trabalho dos jornalistas profissionais.

Modernidade técnica

A vanguarda da técnica gráfica entrara pelo Rio de Janeiro. A revista *O Álbum* (1893) valeu-se pioneiramente da reprodução fotográfica, colada individualmente nas páginas daquela publicação semanal; a *Revista da Semana* (1900) inovou ao empregar métodos fotoquímicos de reprodução.

No entanto, eram serviços caros. Levaria tempo para um jornal sustentar as despesas de serviços fotográficos exclusivos. Em relação às ilustrações, secretários de redação recortavam figuras de revistas americanas para aplicá-las nas nacionais, uma vez que inexistia o amparo legal do uso da imagem.

Porém, o que mais causou surpresa foi a velocidade que insistia em acelerar seu ritmo. Por volta de 1895 o periodismo diário utilizava-se de uma *Dilthey*, que imprimia 5 mil exemplares por hora.

Em 1900, em ritmo ainda mais acelerado, o *Jornal do Brasil* tirava sua edição vespertina, primeiro jornal do país a lançar duas edições diárias. Imprimindo 50 mil exemplares diários, superava então o *La Prensa*, de Buenos Aires, conhecido como o de maior tiragem da América do Sul. Em 1903, rodava 62 mil exemplares.

Porém, as tiragens também aumentavam em razão do crescimento demográfico, especialmente em São Paulo, empório comercial vigoroso, com população alfabetizada e de maior poder de consumo. Em 1896, o jornal *O Estado de S. Paulo*, que imprimia 8 mil exemplares, atingia em 1906 a tiragem de 35 mil.

IMPRENSA E CIDADE

Aos primeiros clichês, de 1895, estampados no *Jornal do Brasil*, seguiram, em 1907, os clichês a cores na *Gazeta de Notícias*. Introduzia-se também a rotativa *Marinoni*, que imprimia, cortava e dobrava exemplares, que saíam aos milheiros. Veiculavam-se novos gêneros jornalísticos: a reportagem, a fotorreportagem e o sensacionalismo.

Decisivos na inserção internacional da imprensa, no entanto, foram os serviços das agências de notícias estrangeiras, criadas em 1835 e potencializadas pelo surgimento do telégrafo, presentes no jornalismo brasileiro desde o final do século XIX. Essa internacionalização da coleta de notícias ocorreu no Brasil, inicialmente, pela agência Havas, que nos chegava via Portugal e completava o cartel composto pela Reuters e Wolff, modificado ao fim da Primeira Guerra, com a entrada dos Estados Unidos, por meio da criação da Associated Press e United Press Association.[7]

Essas agências, contudo, apesar da propalada independência de opinião, dependiam dos governos dos países que lhes serviam de base doméstica. Logo, passamos a ser também reféns de um noticiário da conveniência dessas grandes empresas jornalísticas, que serviram guerras e interesses dos grupos e países que as subsidiavam.

Outra interferência de peso advinda das imensas dificuldades para obtenção do papel, obstáculo crônico na imprensa brasileira; razão pela qual o surto jornalístico pouco se valeu da produção interna do produto. Sujeitou-se, até por conveniência, ao artigo importado. Para publicações mais luxuosas, que exigiam superioridade do produto, o nacional não era recomendado; para consumo de papel jornal, o preço do importado, por incrível que pareça, era mais convidativo.

---

7 THOMPSON, John B. *Ideologia e cultura moderna*. Op. cit., p.239.

Letras, cores e imagens seduzindo o novo público republicano

Forma e conteúdo, em ritmos diferenciados, conferiram traços singulares àquele jornalismo que ensaiava a grande imprensa, avançado quanto ao tratamento gráfico, mas antigo em seu modelo editorial e no encaminhamento das matérias. As máquinas eram modernas, mas os textos e as mensagens refletiam o acanhado quadro mental do país, de tradição escravocrata, clientelismo, partidos políticos tendenciosos, que faziam daquela imprensa extensão de seus próprios negócios e interesses.

Mas, no país de maioria analfabeta, a ilustração foi mais eficaz que a letra, de alcance imenso, levando-se em conta a força da imagem, decisiva para a comunicação de massa. Assim enriquecido, o periodismo potencializou-se

FIGURA 2. *A VIDA MODERNA*. SÃO PAULO, 23 ABR. 1914, N.218.

IMPRENSA E CIDADE

com base em litografias precisas, caricaturas inventivas, imagens arrebatadoras de rotogravura, ilustrações florais *art-nouveau*, soluções fotográficas inusitadas. Logo, formou-se o novo mercado dos chamados especialistas gráficos.

Ilustradores talentosos ganharam espaço e se converteram em profissionais requisitados. Inicialmente, por meio da caricatura, uma tradição de nossa imprensa, que reproduzia os desmandos da oligarquia vitoriosa pelo humor e pelo chiste, criando personagens-tipo de grupos, partidos e classes, porta-vozes do novo leitor cidadão.

Em São Paulo, o filho de imigrantes italianos Lemo Leni, de pseudônimo Voltolino, simboliza esse segmento de agentes politizados da imagem, dos quais, inclusive, dependia o sucesso do próprio periódico. A figura do ítalo-paulista seria focalizada pelo seu traço, bem como a marginalização do oprimido, numa sociedade que se estratificava de forma perversa. Mais tarde, Benedito Bastos Barreto, de pseudônimo Belmonte, iniciou na *Folha da Noite* sua trajetória na imprensa diária, criando o personagem Juca Pato, representação da manipulada classe média. Na paulistana *A Plebe* (1917), periódico anarquista, o discurso da resistência valeu-se da imagem, marcada pela vanguarda do impressionismo russo e da caricatura como recurso marcante de doutrinação.[8]

No Rio de Janeiro, o talento de J. Carlos, pondo em cena a melindrosa, imprimia em papel a elegância e modernidade pretendidas na cosmopolita capital do país à beira-mar plantada. Na Bahia, a produção do artista Paraguaçu também confirmava a chegada da linguagem caricata moderna em Salvador.

---

8 CAMARGO, Dayse de. *O teatro do medo:* a encenação de um pesadelo nas imagens do periódico anarquista "A Plebe". 1917-1951. São Paulo, 1998. Dissertação (Mestrado em História) – PUC. p.17 e segs.

ANA LUIZA MARTINS E TANIA REGINA DE LUCA

Outro segmento de artistas plásticos de talento aderiu ao novo mercado impresso. Eram pintores de telas que abusaram da cor nas revistas e colocaram-se em branco-e-preto nos jornais. O pintor Di Cavalcanti foi constante nessa atividade, e Tarsila do Amaral balizou uma fase marcante do movimento modernista, via imprensa, ao ilustrar a *Revista de Antropofagia* (1928), com seu desenho do Abapuru.

À fotografia coube a dimensão mais abrangente como recurso de ilustração, invadindo progressivamente o periodismo. Era o recurso ideal para documentar a transformação das cidades, as cerimônias de impacto nos âmbitos político e social, a serviço da nova modalidade jornalística: a reportagem fotográfica.

Com seu poder multiplicador – instrumento ideal para "vender" a imagem do país civilizado e moderno – a fotografia potencializou a informação, levando aos mais diversos públicos a informação até então subtraída às multidões, em especial às camadas desfavorecidas e analfabetas que configuravam o país.

Naquela altura, lamentava-se o sepultamento dos recursos artesanais em favor da técnica, homogeneizadora e massificada. Contudo, o processo era irreversível: redações e jornais das capitais aparelhavam-se com tecnologias de ponta, com vistas à comunicação de massa.

Criando um mercado de leitores

Melhoria da produção, aumento de população, desenvolvimento da comunicação e processo de urbanização acelerado fizeram-se acompanhar de uma diminuição da taxa de analfabetos. Afinal, na jovem República, a erradicação do analfabetismo se colocava como prioridade no país que pretendia formar cidadãos. Não obstante, por volta de 1890, ainda 80% da população não sabia ler. Para seu com-

IMPRENSA E CIDADE

bate disseminou-se, especialmente nas capitais do Sul, uma rede de Grupos Escolares de iniciativa oficial, regidos pela proposta do ensino livre, universal e gratuito, resultando na diminuição da taxa de analfabetismo; longe, porém, de atingir os níveis desejados. Nada estranho que, hoje, se localizem nestes Estados – São Paulo e Rio de Janeiro – os maiores conglomerados da imprensa do país.

Ao lado do "saber ler" da República, colocou-se a necessidade de formar leitores – consumidores. Com forte cunho mercadológico, valendo-se de um nicho de mercado da época, foi lançado no Rio de Janeiro *Eu sei tudo* (1917); também nesse propósito, a revista *Vamos Ler* (1936), títulos periódicos sucesso de público, cópias de publicações francesas, que circularam por anos a fio e formaram gerações afeitas ao consumo do livro, da revista e do jornal. Nesse momento, como estratégia de mercado consumidor, iniciou-se a conquista do leitor infantil, por uma revista de sucesso e lendária na memória de gerações, *O Tico-Tico* (1905), que se manteve por cinqüenta anos.

Por outro lado, as grandes levas de imigrantes que engrossaram as cidades brasileiras ampliaram consideravelmente a prática da leitura, a produção e o consumo de periódicos. Em São Paulo, circularam mais de quinhentos títulos de periódicos étnicos, muitas vezes de redação bilíngüe. Na sua maioria, eram títulos da comunidade italiana, figurando também folhas de grupos espanhóis, alemães, ingleses, franceses, libaneses e japoneses. Nesse segmento da produção de imigrantes, destacou-se o jornal semanário domingueiro da comunidade italiana *Fanfulla* (1893) que se transformou em diário, como o alemão *Deutsche Zeitung* (1897).

Ao mesmo tempo, nas cidades de industrialização crescente e força operária expressiva, assistiu-se ao florescimento da imprensa libertária, representada, em especial, pelos jornais anarquistas, anarcossocialistas, socialistas e comunistas. Muitos circularam na clandestinidade, mas criaram públicos próprios e desempenharam papel doutrinador teórico, espalhando práticas culturais valorizadas pelos movimentos de esquerda: leitura, cultivo do teatro, difusão de jornais propagadores de seus programas e ideais.

Propaganda e publicidade

Ao contrário da *propaganda*, de caráter ideológico, contemporânea do próprio surgimento da imprensa, a *publicidade* nasceu no quadro desencadeado pela concorrência capitalista empresarial, com a conseqüente formação de *holdings* e a acirrada competição em curso. "Faça publicidade ou se arrebente", passou a ser o *slogan* fatal e verdadeiro. Ambas colocaram-se como mecanismo crucial dos quadros de demanda, decisivas na conduta social do iniciante século XX.

No Brasil, a propaganda de ordem política foi uma constante na imprensa local, quando a criação de jornais praticamente se restringiu ao fortalecimento de partidos e grupos políticos. Mais ostensiva, ainda, na imprensa da Primeira República. Campos Salles, por exemplo, publicou a obra *Da Propaganda à Política,* na qual procurava justificar a postura político-propagandística de seu governo; a Campanha Civilista, em 1909, liderada pelas facções de Rui Barbosa e Hermes da Fonseca, consolidou o jornalismo da propaganda política, tradição de nossa imprensa.

Quanto à publicidade, conheceu inicialmente desenvolvimento lento no país de mercado iniciante. Limitada por volta de 1870 apenas ao anúncio classificado, sucinto e direto, de natureza meramente informativa, beneficiou-se em seguida de recursos visuais que divulgavam produtos e prestavam serviços. Nesse momento, em termos de periódico, mais uma vez a revista foi veículo dos mais efetivos.

IMPRENSA E CIDADE

As mensagens veiculadas pela propaganda e publicidade passaram a conformar a mentalidade do período, tarefa estimulante numa sociedade em transformação, dividida entre a valorização das origens, da tradição e a incorporação de modelos estrangeiros, veiculados sistematicamente pela imprensa. O periodismo transformou-se em desaguadouro dessa propaganda e/ou publicidade, enquanto passava a depender das encomendas publicitárias de comerciantes, leiloeiros, cinematógrafos, empresas teatrais e cinematográficas, casas de patinação, firmas de importação, casas comissárias, enfim, de tudo que as cidades experimentavam de "novo" e precisava ser colocado no mercado.

A comunicação publicitária se enriquecia sob a pena de talentosos literatos, a exemplo de Olavo Bilac, Emílio de Menezes, Hermes Fontes, Basílio Viana e Bastos Tigre. Finda a guerra, funcionavam na Capital paulista cinco agências de publicidade: *A Eclética, Pettinati, Edanée,* a de Valentim Haris, e a de Pedro Didier e Antonio Vaudagnoti.

Novos jornais, novos modelos

O Rio de Janeiro centralizava a imprensa jornalística nacional, veiculando jornais ainda criados no Império: o *Jornal do Comércio* (1827), folha conservadora que à chegada de José Carlos Rodrigues se renovou; a *Gazeta de Notícias* (1875), de Ferreira de Araújo, considerado o melhor jornal brasileiro da época; *O País* (1884), que tivera Quintino Bocaiúva como mentor; *Cidade do Rio* (1887), sob a direção de José do Patrocínio.

Todavia, no panorama renovado da imprensa da Primeira República, coube aos novos jornais a melhor representação desta fase de evolução e propagação do impresso periódico no Brasil. A começar pelo *Jornal do Brasil,* que surgiu no Rio de Janeiro, pensado em bases empresariais, dotado do melhor equipamento gráfico, pioneiro na instalação da luz elétrica para suas poderosas rotativas, na implantação dos primeiros linotipos, com máquinas de impressão a cores e clicheria pelo sistema fotomecânico. Em 1906, a exemplo do *The Times*, estampava pequenos anúncios na primeira página e, em 1907, trazia a inovação do cabeçalho em vermelho. Em 1922, recebeu o serviço da United Press. Inovou também ao enviar correspondente para a Guerra na Abissínia, a partir de Paris, em 1935. Já em 1918, passara à propriedade de Ernesto Pereira Carneiro, em que começaria Assis Chateaubriand como editor-chefe, quando a sede encontrava-se no propagado "Edifício mais alto da América do Sul", na Av. Rio Branco.

Também inovador, o *Correio da Manhã* (1901), do jovem advogado Edmundo Bittencourt, que balançou o jornalismo comprometido da República de Campos Salles. De acordo com Sodré, o *Correio da Manhã* "quebrava a placidez aparente, alcançada pelo suborno, pela sistematizada corrupção, institucionalizada a compra da opinião da imprensa ... a monótona uniformidade política das combinações de cúpula, dos conchaves de gabinete".[9]

Em outra escala – de recursos, poder e tiragem – circulou o jornal *A Tribuna* (1890), de Antonio Azeredo, no qual já atuava Irineu Marinho como repórter, o mesmo que fundaria *A Noite* (1911) e, posteriormente, *O Globo* (1926).

Em São Paulo, o mercado revelou-se oportuno para investimentos do setor, a começar pela circulação de capitais, na metrópole que era do café e da indústria; mas também por conta da renovação dos ares políticos que, a partir de 1926, colocaram em cena um novo partido – o Partido Democrático (PD) – em torno do qual alinharam-

---

9 SODRÉ, Nelson Werneck. *História da imprensa no Brasil*. Rio de Janeiro: Civilização Brasileira, 1966, p.329.

IMPRENSA E CIDADE

se grupos do poder descontentes com as tradicionais lides perrepistas. O *Diário Nacional* (1927) seria seu porta-voz, tendo como membros José Adriano Marrey Junior, Amadeu Amaral, Vicente Rau, Nogueira Filho e Paulo Duarte, entre outros, cobrindo a Coluna Prestes, naquele mesmo ano. Nutrindo simpatias pelo PD e também a serviço dele, estavam *O Estado de S. Paulo, Folha da Noite* (1921) e *Folha da Manhã* (1925).

A despeito do profissionalismo defendido por essa nova imprensa, o fato político ainda era privilegiado nesse jornalismo de cunho individualista, que enfocava personagens, exaltava afetos e destruía desafetos, atuando sempre na medida de interesses particularizados, personalizando relações e, portanto, a tarefa jornalística.

Em meio à efervescência de negócios, política, especulações e poder, um bacharel nortista farejou possibilidades de grandes empreendimentos no setor. Era Assis Chateaubriand Bandeira de Mello, que em breve constituiria o maior conglomerado jornalístico do país, os *Diários Associados*. E antes mesmo que a Revolução de 1930 viesse dar nova cara ao Brasil pela mudança dos grupos políticos tradicionais – com o afastamento do PRP e a ascensão de Getúlio –, surgiram indústrias jornalísticas de vulto, que se tornaram empresas econômicas de porte e participaram intrinsecamente do poder. Coube a essa nova imprensa fazer governos, decidir políticas econômicas, moldar gerações.

3 Imprensa em ação
(1930 a 1945)

*Sou um homem da imprensa de papel e estou convencido de
que a idéia que forma opinião tem que estar impressa em
letra de forma. O rádio pode ser mais abrangente ...,
mas o que mexe com o tutano do freguês é o jornal.*
Assis Chateaubriand

No início dos anos 1920, a grande novidade em termos de
comunicação era o rádio. Ao contrário da imprensa escrita, o novo veículo chegava fácil à população, seduzindo e
envolvendo muitos ouvintes que, para seu consumo, prescindiam da alfabetização. Completava a tradição oral de
nossa cultura e parecia caminhar no sentido oposto ao da
política educacional republicana, que insistia no processo de propagação da leitura.

Nesse momento, porém, o novo meio ainda se insinuava de forma branda ao lado de uma imensa quantidade de
jornais e revistas que já se apresentava de forma bastante
diversificada e segmentada. Estima-se que, entre 1920 e
1930, havia apenas vinte estações em atividade no país e
que o número de aparelhos estava na casa dos trinta mil.

O rádio e o cotidiano das cidades

O rádio integrava, ao lado do automóvel, do bonde, da
eletricidade, do gramofone, do cinema e da imprensa, o

arsenal de ícones da modernidade que, de forma lenta, porém definitiva, inauguravam uma outra sensibilidade, alteravam valores, comportamentos, papéis e relações sociais. Os habitantes das cidades iam incorporando ao seu cotidiano esses novos artefatos, que impunham outra dinâmica à vida, encurtavam distâncias, transformavam os modos de percepção e esfumaçavam fronteiras antes bem definidas. Em cidades como Rio de Janeiro e São Paulo, que conheceram significativo crescimento populacional, industrial e urbano no início do século XX, apagavam-se reminiscências de um tempo alongado, que passava devagar por entre ruas empoeiradas e sonolentas.

Lentamente, a programação foi se entrelaçando à vida na e da cidade, num ensaio do que hoje se denomina prestação de serviços. O radiouvinte era informado sobre o tempo, a cotação da bolsa, o conteúdo dos telegramas, dos jornais e os resultados esportivos.

Às potencialidades educativas da radiofonia, aspecto que predominou nos momentos iniciais, logo foram adicionadas outras, associadas ao circuito capitalista. Fabricantes e comerciantes não tardaram a perceber as vantagens de divulgar seus produtos através das ondas invisíveis. As próprias estações precisavam das receitas publicitárias para poder modernizar a aparelhagem, procedimentos técnicos e assumir, elas próprias, caráter empresarial, à semelhança do que ocorrera com parte dos periódicos na passagem do século XIX para o XX.

Nesse processo, o ano de 1932 é um marco importante. O decreto presidencial de março permitiu a irradiação de anúncios, passo essencial para que o rádio viesse a se tornar um meio de comunicação de massa, regido por interesses comerciais, o que se concretizaria no decorrer da década seguinte.

A imprensa e o movimento de 1930

Os anos 1930 começaram sob o signo da mudança não apenas para o rádio. Em outubro foi deflagrado o movimento armado que culminou com a deposição do então presidente Washington Luís e a subida ao poder, em 3 de novembro, de Getúlio Vargas, candidato da Aliança Liberal derrotado nas urnas. O caráter centralizador do novo governo logo ficou evidente. Foram dissolvidos o Congresso Nacional e os legislativos estaduais e municipais; os governadores eram substituídos por interventores nomeados pelo chefe do Governo Provisório.

Para a imprensa, as conseqüências fizeram-se sentir de imediato. Assim que a vitória dos revoltosos foi confirmada, vários periódicos identificados com a chamada República Velha foram alvo de ataques e acabaram sendo empastelados, como ocorreu, por exemplo, com *O Malho* (1902), *O País*, *A Notícia* (1894), *Gazeta de Notícias*, *A Noite* (1911) e *Jornal do Brasil*, no Rio de Janeiro, e o *Correio Paulistano*, *Folha da Manhã*, *Folha da Noite*, *A Gazeta* (1906) e *Fanfulla*, em São Paulo.

A mudança política alterou a configuração da imprensa. Periódicos comprometidos com a antiga ordem não se recuperaram dos reveses sofridos e acabaram desaparecendo (*O País*, *Correio Paulistano*), outros mudaram de mãos e/ou de linha editorial (*Jornal do Brasil*), havendo os que passaram a ocupar lugar secundário, sem recuperar o brilho de antes (*A Notícia*, *Gazeta de Notícias*, revista *O Malho*). Afinados com a nova ordem estavam, no Rio de Janeiro, o *Jornal do Comércio*, *Correio da Manhã*, *O Globo*, *Diário Carioca* e, em São Paulo, *O Estado de S. Paulo*, *A Platéia* (1888) e o *Diário Nacional*.

Merece particular destaque a trajetória de Assis Chateaubriand que, em 1924, tornou-se proprietário do diário carioca *O Jornal* (1919), e adquiriu em São Paulo, no ano seguinte, o então recém-fundado *Diário da Noite*. O jornalista engajou-se resolutamente na campanha da Aliança Liberal, tendo convencido os aliados da necessidade de defender as propostas da chapa antigovernista por meio de um conjunto de jornais.

Conseguiu recursos para fundar ou adquirir vários, o que lhe permitiu solidificar a empresa *Diários Associados*, que também passou a dispor do *Estado de Minas* (Belo Horizonte, 1928), *Diário de Notícias* (Porto Alegre, 1925), *Diário da Noite* (Rio de Janeiro, 1929) e do *Diário de São Paulo* (1929). Portanto, antes que a década de 1920 findasse, Chateaubriand já se fazia presente nos principais centros nevrálgicos do país e inovava ao lançar as bases do que seria o maior conglomerado no ramo das comunicações por décadas a fio. Vale destacar que, desde suas origens, os *Associados* mantiveram estreita vinculação com o poder político e econômico, característica que só se aprofundaria com o decorrer do tempo.

Passada a euforia da vitória, apareceram as divergências. A ala tenentista, formada por jovens militares que, desde o início da década anterior, lutavam por reformas político-administrativas, voto secreto, educação pública obrigatória, moralidade das instituições e maior participação do exército na sociedade, criticava duramente o jogo político-partidário e o sistema representativo. Propunham a manutenção de um governo forte, de teor nacionalista, que implantasse as reformas necessárias para modernizar o país. A perda da autonomia dos estados desagradava aos aliados civis – oligarquias dissidentes que se encontravam afastadas do poder no final dos anos 1920, defendiam a volta à normalidade política e a realização de eleições para uma Assembléia Constituinte.

De fato, tratava-se de diferentes concepções sobre os rumos que o movimento iniciado por Getúlio Vargas deveria seguir. Os jornais passaram a expressar essas tensões, que desembocaram na revolta paulista de 1932, capitaneada pela elite que ocupara o centro do poder por várias décadas. Os clamores pró e contra a volta à ordem constitucional, os acontecimentos em São Paulo, os debates em torno do problema do café (principal motor da economia e que, em função da crise que se iniciara em 1929, não encontrava colocação no mercado externo) dominavam a agenda política.

A grande maioria da imprensa fez brava oposição a Vargas e aos tenentes. Estes tentaram contornar a situação lançando seus próprios periódicos para a defesa do que entendiam ser os verdadeiros ideais revolucionários. Em São Paulo surge *O Tempo* (1930) e no Rio de Janeiro *O Radical* (1932), cujo subtítulo era "A voz da Revolução".

A instabilidade dos momentos iniciais do novo governo foi um dos argumentos utilizados para justificar a censura à imprensa. Porém, deve-se ter presente que os novos ocupantes do poder não se limitaram a insistir em práticas conhecidas, como o suborno ou a violência, antes inovaram ao criar, em meados de 1931, o Departamento Oficial de Publicidade (DOP), subordinado ao Ministério da Justiça e Negócios Interiores.

Para impedir a divulgação de notícias "alarmantes, infundadas e tendenciosas", decidiu-se colocar um representante do DOP em cada jornal. Em agosto de 1931, o Ministério da Justiça divulgou a lista dos temas tidos como impróprios, que incluía: notícias derrotistas sobre a situação econômico-financeira do país, então bastante frágil; menção a greves e desemprego; comentários de exilados políticos; referências ao comunismo no Brasil e exterior; notas sobre tendências separatistas, menções às forças armadas que pudessem gerar desentendimentos internos ou antipatias populares; enfim, um amplo rol de prescrições, algumas com forte dose de subjetividade. A iniciativa tornou ainda mais tensa a relação entre o governo e os órgãos da grande imprensa.

Os dirigentes de jornais valiam-se de vários expedientes para burlar a censura. Oswaldo Chateaubriand, por exemplo, que dirigia os jornais do irmão em São Paulo, despistou o censor, mantendo-o numa sala enquanto a edição do *Diário da Noite*, de 13 de novembro de 1931, estampando matéria vetada, era atirada à rua pelas janelas da redação.

O movimento de julho de 1932 em São Paulo também provocou novos realinhamentos, tendo sido apoiado pelos principais jornais cariocas, inclusive os *Diários Associados*, o que levou Chateaubriand à prisão e quase resultou na falência do grupo, que enfrentou forte cerco do governo.

Entretanto, a convocação da Assembléia Constituinte em 1933 sinalizava que a proposta tenentista perdia espaço para a conciliação com as forças civis. A promulgação da nova Constituição em 1934, que assegurava amplas garantias para a liberdade de imprensa, e a eleição, pela via indireta, de Getúlio Vargas para um mandado presidencial de quatro anos pareciam indicar o início de uma nova fase da vida política e institucional do país. A avaliação não poderia estar mais equivocada...

Batalhas em letras de forma

As esperanças depositadas no funcionamento das instituições democráticas em breve se frustrariam. Assinale-se que, ao longo dos anos 1920 e 1930, os princípios liberais e democráticos eram alvo de intensas críticas. Considerava-se que o liberalismo mostrara-se incapaz de resolver as contradições inerentes às sociedades capitalistas – desigualdade social, crises econômicas, disputas entre patrões e operários – o que estaria contribuindo para facilitar o caminho do comunismo. A experiência internacional parecia confirmar o acerto dessas previsões. Países como Itália (1922), Portugal (1932), Alemanha (1933) e, dentro em breve, Espanha (1936) eram governados por ditaduras de extrema direita, caracterizadas pelo intervencionismo estatal, nacionalismo e culto à figura do líder.

No Brasil, a oposição entre esquerda e direita também crescia. Em 1932, foi criada a Ação Integralista Brasileira (AIB), liderada por Plínio Salgado. Inspirava-se no fascismo italiano e tinha como lema *Deus, Pátria e Família*. O movimento contava com expressivo número de filiados, promovia grandes desfiles, manifestações de rua e contava com centenas de jornais, espalhados por cidades de diversos estados brasileiros, além de dois periódicos de âmbito nacional, *A Ofensiva* (1934) e o *Monitor Integralista* (1932), e revistas, com destaque para *Anauê* e *Panorama*.

Apesar de ilegal, o Partido Comunista seguia editando, de forma irregular e clandestina, o jornal *A Classe Operária* (1925), muito lido no interior das forças armadas, especialmente no exército, no qual era significativo o prestígio do expoente máximo do partido, o ex-tenente Luís Carlos Prestes. O periódico também circulava nos meios operários, bem como nas frentes antifascistas, que condenavam a guerra e os regimes autoritários de extrema direita.

As frentes deram origem à Aliança Nacional Libertadora (ANL). Os entendimentos para a formação da entidade, reunia comunistas, socialistas, parte dos tenentes, agora insatisfeitos com os rumos seguidos pelo governo, e setores liberais. No início de 1935, veio a público um manifesto-programa, bastante amplo e que incluía a luta contra o imperialismo, o fascismo, o latifúndio e defendia o atendimento das reivindicações operárias, a garantia das liberdades públicas e a constituição de um governo popular. Luís Carlos Prestes foi aclamado presidente de honra. Tal como a AIB, a Aliança tornou-se um movimento de massas, com dezenas de milhares de filiados, e promoveu concorridos comícios e manifestações públicas. No Rio de Janeiro, aderiram aos ideais do movimento periódicos como *A Pátria* (1920) e *A Manhã* (1935), este último lançado especialmente para ser o porta-voz da ANL, ao passo que em São Paulo merece destaque *A Platéia*.

Diante do aumento da crescente mobilização popular, o governo tratou de munir-se de instrumentos para enfrentar a crise. Um meio eficaz era a divulgação dos seus atos. Data de meados de 1934 a criação, sob responsabilidade do DOP, do *Programa Nacional de Rádio*, antecessor da *Hora do Brasil*, que deveria ser difundido em rede para vários pontos do território. A importância do rádio num país de dimensões continentais e de altas taxas de analfabetismo não passou despercebida ao novo regime.

A preocupação com a organização mais sistemática da propaganda governamental levou à substituição, ainda em 1934, do DOP pelo Departamento de Propaganda e Difusão Cultural (DPDC), que logo passaria a ser dirigido por Lourival Fontes. Na avaliação de Simon Schwartzman, tratava-se de "um esforço para colocar os meios de comunicação de massa a serviço direto do poder executivo, uma iniciativa à qual não faltou a influência do Ministério da Propaganda alemão, recém-criado com a instalação do governo nacional-socialista em 1933".[1]

Nas mãos do jornalista e escritor sergipano Lourival Fontes, grande admirador de Mussolini, profundo conhecedor do fascismo e simpatizante do integralismo, o DPDC

---

1 SCHWARTZMAN, Simon; BOMENY, Helena Maria B.; COSTA, Vanda Maria Ribeiro. *Tempos de Capanema*. São Paulo: Edusp, 1984. p.86-7.

fortaleceu-se. O programa de rádio do governo, ainda sem caráter obrigatório, passou a chamar-se *Hora do Brasil* e foi reformulado para divulgar, além dos atos do governo, boa música, cultura e literatura. A transmissão iniciava-se com a ópera de Carlos Gomes *O Guarani*, que se tornou sua marca distintiva. A preocupação de difundir uma imagem positiva do país no exterior é confirmada pelo fato de o programa possuir uma parte internacional, transmitida em ondas curtas, nos diversos idiomas.

Entretanto, não se tratou apenas de buscar o consentimento dos cidadãos. Em abril de 1935, o Congresso Nacional aprovou a Lei de Segurança Nacional, destinada a julgar crimes contra a ordem pública e social. Com base nessa lei, a ANL foi fechada em julho, como represália a um violento discurso redigido por Prestes, que conclamava a população a derrubar "o governo odioso de Vargas". Poucos meses depois, em nome da entidade, que continuou atuando na clandestinidade, ocorreram levantes militares em Natal, Recife e Rio de Janeiro. O movimento, rotulado de Intentona Comunista, durou quatro dias em Natal e foi rapidamente controlado nas duas outras cidades.

Os eventos, se não chegaram a colocar em xeque a ordem estabelecida, deram materialidade às constantes advertências contra os comunistas. A repressão que se seguiu foi virulenta e esteve longe de se limitar aos comunistas. Antes, atingiu todo e qualquer opositor do regime. Vários líderes operários, políticos, parlamentares, jornalistas e intelectuais foram presos, enquanto outros eram obrigados a deixar o país. No que tange à imprensa, *A Manhã* foi fechada e outros jornais mudaram a linha editorial para sobreviver.

Sob o argumento de que o país enfrentava uma grave ameaça de subversão da ordem estabelecida, o Congresso Nacional tornou mais dura a Lei de Segurança Nacional

IMPRENSA E CIDADE

e aprovou, em dezembro de 1935, emendas à Constituição que permitiam ao Presidente da República decretar o estado de guerra em caso de "comoção intestina grave". O legislativo também aprovou o estado de sítio e, posteriormente, o estado de guerra, que assegurava poderes praticamente ilimitados ao executivo. Tal regime de exceção vigorou do início de 1936 a meados do ano seguinte.

Ainda em janeiro de 1936, criou-se a Comissão Nacional de Repressão ao Comunismo, que vigiava de perto funcionários públicos, empregados de empresas mantidas com subvenções governamentais e professores. A acusação de comunista implicava afastamento e/ou demissão sumária dos servidores, podendo ainda resultar em prisão ou detenção de qualquer indivíduo acusado de atividade prejudicial às instituições políticas e sociais.

Em setembro de 1936 instaurou-se o Tribunal de Segurança Nacional, composto por juízes nomeados pelo Presidente da República e que tinha por missão julgar os envolvidos no levante do ano anterior.

A grande imprensa não só aplaudiu as medidas e cerrou fileiras em torno de Vargas, que saiu do episódio muito fortalecido, como contribuiu para criar um ambiente favorável à difusão da onda anticomunista e para legitimar as medidas de exceção adotadas pelo governo. Nos periódicos, em conjunto, clamava-se por medidas enérgicas de combate aos inimigos da nação e faziam-se insistentes referências à prisão de elementos subversivos e à descoberta de documentos, esconderijos e planos secretos, o que alimentava o clima de apreensão. Órgãos antigovernistas e defensores das liberdades democráticas curvaram-se ante o medo da revolução social, mal maior a unificar os inimigos da véspera. *O Estado de S. Paulo*, por exemplo, defendeu a reforma do recém-aprovado texto constitucional.

Os editoriais de Assis Chateaubriand, por seu turno, insistiam na necessidade de uma "União Sagrada" contra os rebeldes e pediam por punições exemplares. Os proprietários das empresas jornalísticas, ainda que apoiando as medidas do governo, eram vigiados de perto, uma vez que novamente os censores se instalaram nas redações.

O Estado Novo

Em 1938 findava o mandato de Getúlio Vargas que, pela legislação em vigor, estava impedido de ser reconduzido ao cargo. Em janeiro daquele ano, o seu sucessor deveria ser escolhido pelo voto popular. O vendaval que varrera o país em fins de 1935 parecia superado: o estado de guerra não foi renovado e as articulações em torno do futuro pleito iniciaram-se em meados de 1937.

Entretanto, a abertura política não duraria. Com grande estardalhaço, foi revelada a existência de uma conspiração comunista internacional que visava à derrubada do governo, o chamado Plano Cohen, divulgado em 30 de setembro de 1937. De fato, tratava-se de um documento para debate, escrito pelo capitão Olimpio Mourão Filho, chefe do serviço secreto da Ação Integralista Brasileira, e que foi apresentado como sendo verdadeiro.[2]

Apesar de vários órgãos da imprensa levantarem suspeitas sobre a veracidade do plano, o governo novamente solicitou ao Congresso a decretação do estado de guerra, que foi aprovado apesar de forte contestação da minoria oposicionista. Esta argumentava que a medida visava a impedir ou dificultar a realização das eleições e duvidava que houvesse, de fato, ameaça à ordem constituída.

---

2 A respeito do plano e de seus desdobramentos, inclusive a defesa de Mourão Filho anos depois, consultar: SILVA, Hélio. *A ameaça vermelha*: o Plano Cohen. Porto Alegre: LP&M, 1980.

IMPRENSA E CIDADE

Em 10 de novembro, alegando que o país não poderia enfrentar a grave crise dentro dos quadros legais, o presidente fechou o Congresso Nacional, cancelou as eleições, outorgou uma nova Constituição e anunciou, pelas ondas do rádio, a criação do Estado Novo. Com a oposição já silenciada, não houve qualquer esboço de reação. O golpe fora cuidadosamente preparado. Uma anotação no seu diário revela que, em abril de 1937, a Nova Carta já havia sido redigida pelo jurista Francisco Campos que, a partir do golpe, passou a ocupar o cargo de Ministro da Justiça. O texto outorgado, de inspiração fascista, distinguia-se das constituições brasileiras anteriores por rejeitar claramente os princípios liberais que, naquele momento, também sofriam sérios reveses no âmbito internacional.

O regime particularizou-se pelo caráter autoritário e centralizador. Os direitos políticos foram suprimidos, e o poder legislativo, em todos os níveis, foi abolido, cabendo ao executivo exercer suas funções. Os partidos políticos foram dissolvidos, e a censura aos meios de comunicação de massa tornou-se regra. Estreitaram-se as possibilidades de contestação ao regime, que não hesitou em valer-se da intimidação contra seus opositores – durante sua vigência o número de presos políticos ultrapassou os dez mil.

Com a concentração do poder na esfera federal, esperava-se colocar os interesses da nação, corporificados pelo Estado, acima de forças e particularismos regionais. A unidade nacional foi expressa, de forma simbólica, na cerimônia de queima das bandeiras estaduais, realizada em dezembro de 1937 na capital do país. A partir de então, todos deveriam se reconhecer única e exclusivamente na bandeira nacional.

No campo das relações de trabalho, as ações governamentais pautaram-se pela doutrina corporativa, que se contrapunha ao liberalismo por considerar que este, ao colocar a liberdade individual acima dos interesses coletivos, possibilitava o surgimento de intermináveis disputas, conflitos e lutas entre classes, gerando o caos econômico. A solução, nessa perspectiva, estaria nas corporações, organizações que deveriam reunir empregados e empregadores de uma profissão específica para discutir todas as questões relacionadas ao exercício dela, sempre sob a supervisão do Estado, a quem caberia dirimir quaisquer desentendimentos.

As noções de luta e conflito foram substituídas pelas de colaboração; o contrato de trabalho cedeu lugar às convenções coletivas, a liberdade individual passou a subordinar-se aos interesses da coletividade. O corporativismo, que se autoconcebia como nova síntese entre socialismo e liberalismo, criticava a igualdade jurídica, assinalando que, na prática, os empregados sempre estiveram em desvantagem. Dessa forma, justificava-se a intervenção do Estado nas relações de trabalho, encarada como essencial para estabelecer regras e direitos sociais que inaugurariam a verdadeira igualdade entre as partes.

O preço cobrado por essa proteção não era pequeno: os sindicatos passavam a ser encarados como órgãos públicos, subordinados à estrutura do Ministério do Trabalho e destituídos de autonomia. As greves foram proibidas, assim como qualquer contestação às rígidas normas elaboradas pelo poder público.

A imprensa amordaçada

Em relação aos meios de comunicação, o artigo 122 da Constituição de 1937 considerava a imprensa um serviço de utilidade pública e determinava que os periódicos não poderiam se recusar a inserir comunicados do governo. O direito do cidadão de manifestar seu pensamento subor-

IMPRENSA E CIDADE

dinava-se a condições e limites prescritos em lei. Ainda de acordo com o texto constitucional, a legislação poderia prescrever, com o fim de garantir a paz, a ordem e a segurança pública, a censura prévia da imprensa, teatro, cinema, radiodifusão, além de permitir às autoridades competentes poderes para proibir a circulação, difusão ou representação do que fosse considerado impróprio. De fato, destruía-se a liberdade de expressão e dotava-se o poder público de instrumentos legais para punir os infratores.

No início de 1938, o Departamento de Propaganda e Difusão Cultural (DPDC) foi reestruturado e passou a chamar-se Departamento Nacional de Propaganda (DNP), com Lourival Fontes no comando. Uma das primeiras medidas do órgão foi proibir todas as transmissões radiofônicas e a impressão de jornais e revistas em língua estrangeira. Vale lembrar que a Carta de 1937 já determinara que apenas brasileiros poderiam ser proprietários ou diretores de empresas jornalísticas. As medidas constituíram-se num duro golpe para a imprensa organizada por imigrantes e seus descendentes, e atingiu particularmente as regiões Sul e Sudeste do país, que haviam recebido contingente considerável de mão-de-obra européia.

Outro poderoso instrumento de controle foi o decreto que dispôs sobre a isenção de taxas alfandegárias na importação do papel utilizado pela imprensa. Sua aquisição, porém, subordinava-se à autorização do Ministro da Justiça. Segundo Sampaio Mitke, que chefiou o serviço de controle da imprensa:

> O trabalho era limpo e eficiente. As sanções que aplicávamos eram muito mais eficazes do que as ameaças da polícia, porque eram de natureza econômica. Os jornais dependiam do governo para a importação do papel linha d'água. As taxas aduaneiras eram elevadas e deveriam ser pagas em 24 horas ... Só se isentava de pagamento os jornais

ANA LUIZA MARTINS E TANIA REGINA DE LUCA

que colaboravam com o governo. Eu ou o Lourival ligávamos para a alfândega autorizando a retirada do papel.[3]

Entretanto, foi com a substituição do DNP pelo Departamento de Imprensa e Propaganda (DIP), a 27 de dezembro de 1939, que a atuação governamental na área da propaganda ganhou maior abrangência. As atribuições do novo departamento foram estabelecidas por decreto-lei. Cabia-lhe centralizar, coordenar, orientar e superintender a propaganda nacional interna e externa; promover e organizar atos comemorativos oficiais e festas cívicas; realizar a censura prévia de jornais, revistas, cinemas, teatros, livros e diversões públicas, tais como festas populares, circos, bailes, bilhares, esportes, espetáculos e exposições; cadastrar todas as empresas e funcionários envolvidos com a comunicação.[4] O órgão estruturava-se em seis divisões: Divulgação, Radiodifusão, Cinema e Teatro, Turismo, Imprensa (que englobava a Agência Nacional) e Serviços Auxiliares.

Os Estados, por sua vez, deveriam criar Departamentos Estaduais de Imprensa e Propaganda (DEIPs), tarefa que foi desenvolvida a contento por São Paulo, que estabeleceu um órgão bastante ativo e controlador.

Percebe-se o lugar estratégico ocupado pelo DIP, máquina de coerção e propaganda do Estado Novo, que mantinha estrito controle de toda a produção cultural do país e determinava seus rumos. O domínio dos meios de comunicação era de fundamental importância para cercear a divulgação daquilo que não era do interesse do poder, enfatizar as realizações do regime e sua adequação à realidade nacional, levar a efeito a promoção pessoal e política da figura de Getúlio Vargas.

---

3 GALVÃO, Flávio. A liberdade de informação no Brasil. *O Estado de S. Paulo*, 29.11.1975. Suplemento do Centenário, n.48, p.4.

4 Em 30 de dezembro de 1939, três dias depois da criação do DIP, foi baixada a legislação que regulamentou a Constituição de 1937 no que tange à imprensa.

IMPRENSA E CIDADE

O cerco à imprensa foi brutal. Estima-se que cerca de 30% dos jornais e revistas do país não conseguiram obter o registro obrigatório no DIP, tendo deixado de circular. Os autorizados eram cuidadosamente controlados e todas as matérias dependiam de autorização prévia dos censores. O governo também fundou seu próprio jornal, *A Manhã* (1941), dirigido por Cassiano Ricardo,[5] expropriou outros, como ocorreu com *O Estado de S. Paulo* que, a partir de 1940, permaneceu sob intervenção do DIP, tendo seus proprietários sido obrigados a deixar o país, e encampou, no Rio de Janeiro, *A Noite* e a Rádio Nacional. Não se dispensou o recurso de facilitar verbas e empréstimos às empresas de comunicação que se mostraram sensíveis às necessidades do poder.

A Agência Nacional, por sua vez, "era a executora das atividades do setor de imprensa. E atuava como um jornal, durante os três expedientes, dispondo de equipes completas de redatores, repórteres, tradutores, taquígrafos etc., inclusive editores em áreas específicas e editor-chefe".[6] Mais de 60% do que era publicado na imprensa provinha deste braço do DIP.

O departamento também era responsável pela edição de várias revistas, com destaque para *Cultura Política*, que reunia intelectuais importantes, como Francisco Campos, Azevedo Amaral e Cassiano Ricardo, responsáveis pela justificação ideológica do regime, *Brasil Novo*, *Estudos e Conferências*, assim como pela produção e publicação de uma ampla gama de impressos: folhetos; cartazes e livros, desde cartilhas até obras que justificavam o golpe de 1937, exaltavam as realizações governamentais e a figura de Ge-

---

5 Não confundir com *A Manhã*, jornal fundado em 1935 e porta-voz da Aliança Nacional Libertadora (ANL), que circulou por sete meses na cidade do Rio de Janeiro.

6 GOULART, Silvana. *Sob a verdade oficial*. Ideologia, propaganda e censura no Estado Novo. São Paulo: Marco Zero; Brasília: CNPq, 1990. p.68. A autora informa que em 1944 a Agência contava com 220 funcionários.

túlio. Os títulos são bastante sugestivos: *Getúlio Vargas para crianças, O sorriso do Presidente Vargas, O perfil do Presidente Vargas, Getúlio Vargas, estadista e sociólogo.* Foi justamente nos anos Vargas que se tomou uma série de medidas a respeito do exercício da profissão de jornalista. Na Consolidação das Leis do Trabalho (1943) há capítulo específico sobre o assunto, o que denota a complexidade da política adotada: por um lado, limita-se a liberdade de expressão e por outro se procura atrair os trabalhadores das empresas com o estabelecimento de garantias legislativas.

O controle sobre outras mídias

No cinema, a ação do DIP se fazia presente não apenas pela censura do que poderia ser exibido, como também por meio dos cinejornais, documentários de curta metragem exibidos obrigatoriamente antes de cada sessão. A tônica aqui, ainda uma vez, era a exaltação dos atos do poder público: festividades, inaugurações, visitas, viagens e discursos. As imagens, cuidadosamente selecionadas, retratavam o ponto de vista oficial e esmeravam-se em destacar o apoio popular ao regime, manifesto nas tomadas do público, sempre aplaudindo seu líder, num clima de unanimidade.

No início da década de 1940, o rádio firmou-se como o principal meio de comunicação de massa, administrado a partir de receitas publicitárias. O país contava então com 106 estações, das quais 40% estavam sediadas no Estado de São Paulo. As empresas jornalísticas estenderam suas atividades para a radiofonia, como ocorreu com os *Diários Associados*, que inaugurou a Tupi (1935), primeira das muitas emissoras do grupo.

As possibilidades do rádio eram enormes e os governantes souberam utilizar o meio para veicular discursos, mensa-

IMPRENSA E CIDADE

gens e notícias. Entretanto, seu potencial político era imensamente maior: além de difundir o projeto político do executivo, poderia ser mobilizado para incentivar comportamentos, atitudes e valores tidos como desejáveis. Daí o rígido controle a que foi submetida a programação radiofônica e as letras das canções. Além da censura prévia da programação, havia o fato de o DIP ter funcionários encarregados de acompanhar as transmissões das estações da capital federal.

Em 1940, o governo encampou a Rádio Nacional e não poupou esforços para torná-la popular: contrataram-se os locutores, cantores, humoristas e radioatores mais famosos da época; a emissora foi dotada de novos estúdios e de modernos transmissores de ondas médias e curtas. A Nacional transmitiu a primeira radionovela brasileira, criou o *Repórter Esso*, marco no jornalístico radiofônico, e promoveu vários concursos cujos resultados eram anunciados na *Hora do Brasil*, programa produzido pelo DIP e retransmitido obrigatoriamente em todo o país.

O avanço da indústria e da urbanização foi um dos fatos notáveis do período e que contribuiu para deslocar o eixo econômico do campo para as cidades. Buscou-se integrar as diferentes regiões do país para criar um mercado interno que articulasse, de fato, todo o território nacional. O desenvolvimento da produção industrial e a busca da autossuficiência tornaram-se questões de soberania nacional e passaram a integrar as preocupações de amplos setores sociais, inclusive militares, que desfrutaram de considerável influência nos rumos tomados pelo governo nessa área.

A industrialização articulava-se com outro processo em curso na sociedade brasileira do período, a urbanização. As migrações internas acentuaram-se significativamente após a década de 1930, quando grandes levas de indivíduos abandonavam o campo e se dirigiam para as cidades em busca de melhores oportunidades de vida e trabalho.

No início do século XX, quatro cidades haviam ultrapassado a casa dos cem mil habitantes: Rio de Janeiro (700 mil), São Paulo (240 mil), Salvador (206 mil) e Recife (113 mi), seguidas por Porto Alegre (74 mil), Curitiba (50 mil) e Fortaleza (48 mil). Em 1940, eram doze as cidades entre 50 e 100 mil habitantes, oito as que ostentavam entre 100 mil e um milhão e duas com população superior a dois milhões.

Populações que estavam fora do mercado, por viverem de forma quase auto-suficiente em áreas rurais ou pequenas vilas e povoados, transformavam-se em consumidores e passavam a fazer parte efetiva da economia. Milhares de indivíduos foram arrancados de seu isolamento e lançados num mundo no qual os meios de comunicação de massa desempenham o papel essencial de difundir novas formas de convivência social, hábitos e necessidades, além de informações e ideologias. Foi justamente nas décadas de 1930 e 1940 que, ao lado dos jornais e revistas, ganhou força o rádio, potente meio de difusão cujo aparecimento importou significativo deslocamento na forma de comunicação, uma vez que o meio dispensa o domínio da leitura e chega, instantaneamente, aos lugares mais escondidos do país.

Não por acaso, o rádio ocupou lugar tão central no projeto do Estado Novo, que deu início a um esforço deliberado, especialmente por intermédio do DIP e seus antecessores, para construir uma imagem positiva de Getúlio Vargas. Sua voz podia ser ouvida em todo o país, sua fotografia oficial contemplada em repartições públicas, escolas, estações ferroviárias, aeroportos, bancos, casas comerciais e a data do seu aniversário (19/4) integrava o calendário festivo do regime, ao lado do 1º de maio, do 11 de novembro (implantação do regime), da Independência, do Natal e do Ano Novo.

No dia do trabalho, grandes multidões reuniam-se no Estádio do Vasco da Gama, para ouvir a palavra do presidente, que sempre presenteava os "trabalhadores do Brasil" com alguma iniciativa de cunho social. Não por acaso na memória coletiva Vargas segue identificado como pai dos pobres, indício da eficácia do projeto político-pedagógico da ditadura estadonovista.

E sopram os ventos da liberdade

No início de 1942, sob pressão dos Estados Unidos, o Brasil rompeu relações com as nações do eixo e se aproximou definitivamente dos aliados, decisão que estava longe de agradar a todos os integrantes do governo. As dissensões acabaram por determinar o afastamento de Lourival Fontes do DIP. Nas ruas cresciam as manifestações de indignação pelo torpedeamento de navios brasileiros e os clamores pela entrada do país na guerra. Em 1943, foi criada a Força Expedicionária Brasileira (FEB), que, a partir do ano seguinte, lutou na Itália a favor da democracia. O desgaste do projeto autoritário tornou-se evidente a partir desse momento, assim como extremamente contraditória a manutenção do regime.

Vargas tentou manobras a fim de controlar a transição para a democracia e assegurar sua continuidade no poder, estratégia que obrigou à liberalização do regime. Parte significativa da imprensa, que só apoiara o governo em função do rígido controle a que estava submetida, começou a desafiar as proibições, contribuindo para a derrocada da ditadura. No final de 1944, a derrota do nazi-fascismo já se tornara clara, o que acelerava a desestabilização do governo. Vários jornais passaram a desafiar abertamente proibições, estampando entrevistas com personalidades do mundo político, que exigiam a volta das liberdades democráticas, tal como ocorreu nos diários cariocas *O Globo* e *Correio da Manhã*, e divulgando notícias vetadas e/ou não submetidas ao DIP, indício evidente de que a censura perdera sua eficácia.

A pressão crescente pelo fim do regime de exceção levou o governo a anistiar os presos políticos e extinguir o DIP, substituído pelo Departamento Nacional de Informações (DNI). As eleições presidenciais foram marcadas para dezembro. Entretanto a oposição, que nutria sérias dúvidas quanto à realização delas, articulou a deposição de Vargas, consumada a 29 de outubro de 1945. Fechava-se o ciclo iniciado com o movimento de 1930.

4 Imprensa livre
(1946 a 1964)

De um lado, a imprensa realmente livre tem de ser proprieda-
de privada para preservar sua independência ante o Estado;
de outro, para desempenhar seu papel na democracia,
tem que ser acessível a todos os setores de opinião.

Danton Jobin

A conjuntura internacional nascida no pós-guerra altera-va substancialmente o tradicional quadro de forças dos países europeus. Estados Unidos e União Soviética emer-giam fortalecidos pelo conflito em detrimento da Alema-nha, França e Inglaterra, instituindo uma nova configu-ração do mundo, definida por dois blocos antagônicos: o capitalista e o comunista.

Nesse realinhamento mundial tinha início a chamada Guerra Fria (1947-1989), resultado da disputa entre as duas superpotências que procuravam ampliar seu raio de influência geopolítica e ideológica, ficando a ameaça de uma guerra nuclear. A destruição de Hiroshima e Na-gasaki pelos norte-americanos em 1945 e o posterior in-vestimento em armas atômicas por parte dos soviéticos sinalizaram a existência de aparato bélico de poder in-comensurável, suscetível de ser acionado a qualquer mo-mento. Não foram poucas as manchetes do noticiário internacional aqui reproduzidas, anunciando temerariamente os conflitos da Coréia, da Indochina, da Palestina e de Suez.[1]

No Brasil, que se colocara ao lado dos Estados Unidos durante a Guerra, assistiu-se então à aproximação crescente do país aos interesses norte-americanos, momento em que se infiltraram – em movimento que não cessou até o presente – não só o capital e a ideologia política, mas também o modelo norte-americano de fazer jornal e tocar a imprensa.

O controle dessa porção da América foi intensificado pela potência líder do ocidente, temerosa de um enclave comunista num país de alto interesse estratégico, fosse por sua situação geográfica, pelas dimensões continentais ou pela forte presença na América Latina. A imprensa, como instrumento ideal dessa captação, foi a instância mais cortejada.

A imprensa da "experiência democrática" e do desenvolvimentismo

O Brasil que despontava no quadro de pós-guerra e pós-ditadura vinha com boas promessas. A extinção do DIP (Departamento de Imprensa e Propaganda) em 25 de maio de 1945 e sua substituição pelo DNI (Departamento Nacional de Informação), também desaparecido em 6 de setembro de 1946, sinalizavam o afrouxamento do controle da palavra impressa no país. A democracia saíra vitoriosa na luta contra os regimes nazi-fascistas, e uma Constituição, em 1946, selava o retorno ao estado de direito, instituindo também a liberdade de imprensa no Brasil.

---

1 Sobre os anos de 1950, ver: RODRIGUES, Marly. *A década de 50*. Populismo e metas desenvolvimentistas no Brasil. São Paulo: Ática, 1996; SKIDMORE, Thomas. *Brasil, de Getúlio a Castelo (1930-1964)*. Rio de Janeiro: Saga, 1969; MARANHÃO, Ricardo. *O governo Juscelino Kubitschek*. São Paulo: Brasiliense, 1981.

IMPRENSA E CIDADE

Apesar disso, em vários momentos a censura voltaria a funcionar, em particular nos momentos de crise política. Em 1953, sob forte crítica dos juristas, seria sancionada uma nova Lei de Imprensa, em substituição àquela de 1934, que se manteria até 1967. A implantação da indústria de base iniciada por Getúlio criava pré-requisitos para o desejado crescimento material e as conquistas técnicas advindas dos mais diversos setores sinalizavam condições favoráveis para o desenvolvimento.

No plano social, uma classe média trabalhadora crescia nas principais capitais, envolvida por apelos de consumo, veiculados pelas sedutoras revistas ilustradas, pela propaganda que invadia os lares através das ondas do rádio e pelas mensagens envolventes do cinema, via Holywood. Mas, nessas mesmas cidades, uma população migrante, em busca de trabalho, já ocupava desordenadamente o espaço num processo descontrolado de inchaço urbano, sem planejamento social.

Os sinais promissores daquela década atropelavam-se em meio às imensas desigualdades sociais e econômicas que marcavam todo o território nacional. Ocorrências de 1953 ilustram a latência dos problemas em curso: o Quebra-quebra da Central do Brasil; a Manifestação da Panela Vazia em São Paulo, mobilizando cem mil operários; a Greve Geral de São Paulo, a chamada Greve dos trezentos mil, que envolveu, no início, cem mil tecelões e oitenta mil metalúrgicos.

Apesar da construção da nova capital, Brasília, inaugurada em 21 de abril de 1960 – em uma tentativa de centralização geográfica do poder, rearranjo das forças econômicas e melhor distribuição de riqueza –, os tradicionais focos de divulgação da notícia, Rio de Janeiro e São Paulo, permaneceriam como principais centros de difusão, ainda mais potencializados, palcos de acontecimentos que geravam notícia e vendiam o jornal.

No final dos anos 1950, o Rio de Janeiro e o Distrito Federal somavam juntos 9% da população do Brasil. Só a Capital Federal abrigava sessenta mil funcionários públicos, concentrando as principais sedes das instituições administrativas, econômicas e financeiras. São Paulo, com sua posição de maior cidade industrial do país, atingia o total de 2,2 milhões de pessoas. Nela, acentuava-se a diversidade racial e cultural da população, resultado das levas de imigração estrangeira, acrescida agora de migrantes provenientes das secas nordestinas de 1956 e 1958.

A grande imprensa escrita agigantara-se enquanto a imprensa falada – através de 243 emissoras de rádio que estavam no ar em 1950 – deslanchara com a propaganda e a publicidade. Mas também em 1950 surgia a tevê, o mais poderoso veículo de difusão da cultura de massas. Sua força como mídia decisiva, contudo, só se faria sentir alguns anos mais tarde. Em 1953, estreava o noticiário radiofônico mais famoso, o *Repórter Esso*.[2]

Nesse breve intervalo de quase vinte anos, entre 1945 e 1964, mediando duas ditaduras, as cidades e a imprensa brasileira – instâncias imbricadas – conheceram surto de efetiva modernização. A condução desse processo, mais uma vez, se fizera de forma imediatista.

Foram décadas marcantes para a grande imprensa, que se profissionalizou, investiu em maquinário de ponta, construiu grandes sedes próprias, fez de seus capitães de indústria e de seus editores homens de extremo poder, tornando os órgãos da mídia instrumentos decisivos de controle da vida nacional.

Como expressão daquelas transformações, insista-se no poder dos *Diários Associados,* império da comunicação de

---

2 ABREU, Alzira Alves de. *A modernização da imprensa.* 1970-2000. Rio de Janeiro: Jorge Zahar, 2002. p.8.

IMPRENSA E CIDADE

Assis Chateaubriand, assentado nas práticas manipuladoras de seu proprietário; a ampla penetração da primeira revista de circulação nacional – *O Cruzeiro* (1928), também de Chateaubriand; a atuação política, inovação gráfica e editorial de órgãos do porte de *O Estado de S. Paulo*, *Correio da Manhã* e *Jornal do Brasil*; a criação de dois jornais lendários, *Tribuna da Imprensa* (1949) e *Última Hora* (1951), que se confrontaram na defesa das causas então cunhadas de "entreguistas" e "nacionalistas", respectivamente; a emergência de editoras de revistas em quadrinhos, revistas de rádio e revistas ilustradas femininas de amplo consumo, a exemplo da Bloch Editora e da Abril Editora; a implantação dos jornais televisionados que passaram a dar outra cobertura à notícia, com mais velocidade e arrebatamento, apesar da superficialidade no trato do fato noticioso.

O discurso nacionalista herdado da Era Vargas, a necessidade de aderir à nova etapa capitalista transnacional e o desenvolvimentismo de Juscelino Kubitscheck (JK) presidiram as manchetes e moveram paixões de partidos e grupos políticos. No âmbito do jornal, estava em marcha um caminho sem volta: sua adesão ao modelo norte-americano.

A questão da desnacionalização da imprensa

O nacionalismo das empresas preconizado na Era Vargas seria mantido na Constituição de 18 de setembro de 1946, que reiterava a proibição do capital estrangeiro nas indústrias do país. Em seu artigo 160 vedava "a propriedade de empresas jornalísticas, sejam políticas ou noticiosas, assim como as de radiodifusão, a sociedades anônimas por ações ao portador e a estrangeiros".[3]

---

3 COSTELLA, Antônio F. *O controle da informação no Brasil*. Evolução histórica da Legislação Brasileira. Petrópolis: Vozes, s-d. p.118.

No entanto, este dispositivo constitucional esteve longe de ser cumprido, permanecendo letra morta, conforme se assistia à crescente desnacionalização da empresa jornalística, fosse pela incorporação de capitais estrangeiros a seus negócios, fosse pela adoção de técnicas e modelos estrangeiros em suas apresentações e pautas.

Data dessa época a substituição da tradição francesa de nosso jornalismo em favor das práticas jornalísticas norte-americanas, influência que vinha na esteira das agências de publicidade e de informação, dos primeiros cursos de jornalismo no Rio de Janeiro e São Paulo, recém-criados na década de 1940 e da experiência de jornalistas que haviam estagiado nos Estados Unidos. A influência norte-americana no meio jornalístico tornou-se incontestável, acentuada nos anos seguintes.

Em 1951, o *Diário Carioca* adotava o *lead* do jornalismo americano, concentrando no parágrafo inicial da notícia os cinco W e um H: *who*; *what*; *when*; *where*; *why*; *how*, isto é, *quem? o quê? quando? onde? por quê? como?* Inovaria também ao introduzir uma equipe de copidesque na redação.

Entre os tantos debates que ocorreram naquele período constitucional, convencionalmente denominado "experiência democrática", o mais famoso foi aquele da defesa dos interesses nacionalistas contra a entrada do capital externo. Ao tempo de Getúlio, foi exemplar a campanha "O Petróleo é Nosso", quando após longo conflito se aprovou o monopólio estatal sobre a pesquisa e exploração do produto. Também no governo JK, a abertura do país a empresas estrangeiras, especialmente automobilísticas, seria alvo de crítica permanente constante nos jornais.

Mas, essa mesma imprensa que denunciava, vivia internamente uma grande contradição: parte significativa de nossos grandes jornais valia-se do capital estrangeiro. Essa

IMPRENSA E CIDADE

dependência, principalmente do capital norte-americano, agravou-se em face do condicionamento às agências de publicidade e às agências noticiosas, sendo essas últimas todas estrangeiras. Aquelas se representavam, em particular, pela McErisson; essas, pelas Associated Press e United Press International.

Apesar de se ter registrado em 1957 uma primeira tentativa de levar ao Congresso o problema do controle estrangeiro exercido sobre a imprensa brasileira, o processo de sua desnacionalização, via publicidade, já deslanchara, transformando proprietários e jornalistas em seus reféns. Daí para a própria autocensura dos jornais foi um passo. Afinal, não só a quase-totalidade de seus patrocínios provinha de fontes estrangeiras como 80% das rendas da imprensa jornalística provinham da publicidade.[4] Assistia-se à censura interna dos próprios órgãos de comunicação, temerosos da perda das verbas publicitárias.

Quanto à censura de ordem política – ainda que em período conhecido como de "experiência democrática" –, esta não se fez tardar. Num primeiro momento, em 1961, quando da tentativa de golpe de Estado, após a renúncia do presidente Jânio Quadros; num segundo, de conseqüências drásticas, a partir de 1964, quando do golpe militar.

O quadro da grande imprensa

Nos limites do eixo formador de opinião – Rio de Janeiro e São Paulo – ainda circulavam em pleno vigor o *Jornal do Comércio* (1827) e *O Estado de S. Paulo* (1875).

Nascidos com a República, ocupavam a cena carioca os tradicionais *Jornal do Brasil* (1891), *Correio da Manhã* (1901), de Edmundo Bittencourt, *A Noite* (1925),

---

4 SODRÉ, Nelson Werneck. Op. cit., p.467, 488.

de Irineu Marinho, germe do futuro conglomerado das Associações Globo, e o *Diário Carioca* (1928). Em São Paulo, tomaram forma empresarial a *Gazeta* (1906) e, desde 1931, o Grupo Folhas, com as *Folha da Noite* e *Folha da Manhã*.

Como fenômeno empresarial jornalístico, dotado de poder incomensurável, vinha a rede dos *Diários Associados*, de Francisco de Assis Chateaubriand Bandeira de Mello (1892-1968), que em 1929 lançara o *Diário de São Paulo*. O gigante da comunicação compreendia agora 34 jornais, 36 emissoras de rádio, 18 emissoras de televisão e uma agência de notícias, a Meridional. A partir de 1952 passaria a disputar com a Rede Manchete.

Vários outros jornais circulavam com menor tiragem, menos ou mais independentes, mas o que contava em termos de grande imprensa eram os títulos acima nomeados.

Ao contrário dos anos ditatoriais de 1940, quando não se registrou o aparecimento de nenhum novo periódico da grande imprensa, a década de 1950 ensejou a circulação de dois novos vespertinos na capital da República, que em sua própria historicidade reproduzem o momento vivido: a *Tribuna da Imprensa,* de Carlos Lacerda, porta-voz da União Democrática Nacional (UDN), que fazia cerrada oposição a Getúlio; a *Última Hora,* de Samuel Wainer, financiada com empréstimos bancários obtidos do Banco do Brasil por Vargas, interessado em um jornal seu, de base popular, desvinculado da imprensa estrangeira, sem contar com Chateaubriand, por sua vez envolvido com a Light. Esses polêmicos jornais traduziram, com mais visibilidade, a delicada relação de poder, imprensa e ética conjugados. Em competição acirrada e em campos opostos, com linhas editoriais distintas – tendo seus proprietários em permanente confronto –, acabaram por deixar um retrato vibrante das transformações vivenciadas pelo país.

IMPRENSA E CIDADE

Tribuna da Imprensa e Última Hora

O jornal *Tribuna da Imprensa* do jornalista Carlos Lacerda foi criado em 27 de dezembro de 1949, no âmbito da organização de forças antigetulistas, em face do retorno do antigo ditador, vitorioso nas eleições de 3 de outubro de 1950. Porta-voz da UDN, afinado com o Congresso e com meios de comunicação de massa – Rádio Globo e TV Tupi –, sua linha editorial foi marcada pela postura antiestatal e clerical, carregando o estigma de jornal de direita, em permanente combate a Getúlio, que só cessou quando de seu suicídio.[5]

Trazendo a tradicional figura do menino gazeteiro em meio ao logotipo da primeira página, tinha fatura ultrapassada, as seções misturavam-se sem ordem definida, sem a distribuição dos editoriais segmentados que já marcavam a moderna diagramação dos grandes periódicos. Os capitais que subsidiavam o empreendimento também decorreriam de empréstimos do Banco do Brasil, embora num valor bem menor que aquele desfrutado pelos seus concorrentes.

Em oposição à *Tribuna da Imprensa* surgiu o jornal *Última Hora*,[6] que rapidamente conheceu ampla penetração.

Em parte, os resultados de sucesso do periódico podem ser creditados ao apoio de Getúlio Vargas, eleito presidente em 1950 e que propiciou ao jornal alto empréstimo do Banco do Brasil em condições privilegiadas, sendo-lhe também facilitada a importação de papel. Apesar de servir à elite econômica nacional, adotou com ênfase o discur-

---

5 Ver: LAURENZA, Ana Maria de Abreu. *Lacerda x Wainer:* o corvo e o bessabariano. São Paulo: Senac São Paulo, 1988,p. 821.
6 Ver: WEINER, Samuel. *Minha razão de Viver.* Memórias de um repórter. 13.ed. Rio de Janeiro: Record, 1989.

so de agrado das classes trabalhadoras, estigmatizado como um jornal de esquerda. Inegável, porém, que pesou fortemente o talento jornalístico de seu responsável, Samuel Wainer, fosse na concepção e estratégias inovadoras, bem como na condução de sua peculiar trajetória.

Desde seu lançamento, o vespertino *Última Hora* destacou-se pela produção visual cuidada, com diagramação moderna, entregue ao artista gráfico argentino Andrés Guevara. Com distribuição ágil, instituiu novo horário de impressão e circuitos estratégicos pelo trânsito carioca. E mais: era o órgão que melhor remunerava seus funcionários. Ingredientes de apelo popular – romance, futebol e crime – ampliavam seu consumo, marcando época a colaboração de Nelson Rodrigues pelo folhetim *A Vida como ela é*.

FIGURA 3. *ÚLTIMA HORA*. EDIÇÃO DE SÃO PAULO, EM 27 OUT. 1967, ANO V, N.1401.

IMPRENSA E CIDADE

Em 1954, colocou edições nacionais e regionais em Minas Gerais, Rio Grande do Sul e Pernambuco, passando a publicar onze edições diárias, em sete Estados. Em 1962, organizou um serviço de *copyright* da Rede Nacional. Na qualidade de único jornal que apoiava Getúlio Vargas, o *Última Hora* foi alvo de campanha liderada por Carlos Lacerda, da *Tribuna*, com apoio de Chateaubriand, de *O Globo*, e demais parlamentares da reação. O resultado foi a instalação de uma Comissão Parlamentar de Inquérito contra Wainer, indiciado tanto por ser estrangeiro – de origem russa – como por se beneficiar de empréstimos do Banco do Brasil.

O confronto acirrado entre os dois órgãos espelhou o contundente jornalismo de opinião que marcava o período de "experiência democrática", cuja CPI de março de 1953 revelou os ingredientes mobilizadores daquele especial momento histórico: o comprometimento da imprensa com capitais do Governo; a participação inconstitucional de estrangeiros na imprensa do país; o confronto entre nacionalismo e a ingerência do capital estrangeiro no Brasil.

Um contraponto a essa imprensa, comprometida com agências e políticos, era dado por revistas de cultura, que circularam a partir de 1950. Por meio delas veicularam-se debates que não eram discutidos na imprensa com a mesma profundidade, fosse pela agilidade do jornalismo diário, pelo seu cunho comercial e/ou dependência da propaganda estrangeira. Marcaram época as revistas *Anhembi* (1950), *Habitat* (1950), *Visão* (1952), *Módulo* (1955), *Revista Brasiliense* (1955), *Revista do Livro* (1956), *Desenvolvimento & Conjuntura* (1957), *Estudos Sociais* (1958), *Senhor* (1959), *Tempo Brasileiro* (1962), *Problemas Brasileiros* (1963).

Mas essas publicações estavam longe de atingir a maioria da população leitora do Brasil, dado o caráter erudito e/ou diferenciado que as caracterizava, consumidas por poucos leitores esclarecidos. Apesar disso, um modelo de revista, de forte cunho comercial e fotojornalístico, emplacou como entretenimento, formadora de opinião, propagadora voraz de costumes e modas, veículo certo para a colocação de produtos do mercado. Disseminou-se pelo país e espelhou o momento cultural então vivido. Tratava-se de *O Cruzeiro*, um empreendimento de Assis Chateaubriand.

O Cruzeiro: "contemporânea dos arranha-céus", "que tudo sabe, tudo vê"

A revista *Cruzeiro*, denominação inicial alusiva à constelação do Cruzeiro do Sul e também à nova moeda prestes a circular no país (a partir do nº 31, de 8 de junho de 1929, receberia O *inicial*) foi criada em 1928 e já no lançamento tornou-se a primeira publicação de caráter nacional – antes mesmo que os jornais o fossem.[7] Por quê?

Em parte, porque era da tradição de nossa população leitora, o consumo da revista até mais que o jornal. Nesse caso, o forte apelo da capa, de tratamento moderno, com imagens de mulher, tornavam-na chamativa para o principal consumidor do gênero à época: o público feminino. O aparato de seu lançamento e as estratégias adotadas também a levariam à ampla circulação de mercado, vitrine sedutora dos principais acontecimentos do país.

Destinada para cinqüenta mil leitores, foi impressa na Argentina para garantir a qualidade gráfica e anunciada com uma chuva de prata sobre a Avenida Rio Branco. Para sua efetiva distribuição, valeu-se de caminhões, barcos e até bimotores fretados, como garantia para que chegasse às bancas de Belém a Porto Alegre.[8]

---

7 Para uma abordagem recente de O *Cruzeiro*, ver: GAVA, José Estevam. *Momento Bossa Nova:* arte, cultura e representação sob os olhares da revista 'O Cruzeiro'. Assis, 2003. Tese (Doutorado em História da FCL) – UNESP.

8 MORAIS, Fernando. *Chatô:* o rei do Brasil. São Paulo: Companhia das Letras, 1994, p.187.

FIGURA 4. *CRUZEIRO. REVISTA SEMANAL ILUSTRADA.* S/D.

Desde sua concepção inicial – fundada pelo jornalista português Carlos Malheiro Dias – foi pensada como revista de circulação nacional. Impossibilitado de tocar sozinho o projeto, vendeu-a para Chateaubriand. Era o veículo que faltava para dar maior visibilidade ao empreendimento do empresário, já inferindo que a melhor fatia do circuito da imprensa era aquela do controle da propaganda e da publicidade. A revista *O Cruzeiro* permitia a captação da renda preferencial de Chateaubriand: aquela da publicidade.

Em formato de magazine, grande balcão de variedades, absorveu a produção literária dos então estreantes João Guimarães Rosa e José Lins do Rego; e de artistas plásticos que exercitaram novas estéticas e arte gráfica nacional. Naquelas páginas, a publicidade conheceria avanços, uma vez que metade da revista era ocupada por anúncios.

O sucesso retumbante viria a partir de 1948, quando da contratação da agência McCann. Sabe-se que já iniciava o ano com todos os espaços das 52 edições anuais reservados ou vendidos.

A morte do cantor Francisco Alves, em 1952, em acidente de automóvel, fez as vendas saltarem de 370 mil exemplares semanais para 550 mil, em um país com população de 50 milhões de habitantes, de poucos leitores. E mais: os leitores da revista ultrapassavam em muito a soma dos telespectadores das duas estações de televisão. Entre 1957 e 1965, rodaria *O Cruzeiro Internacional*. Ali se colocaram os melhores profissionais do mercado, como o fotógrafo Jean Manzon, o humorista Millôr Fernandes e os colaboradores Gilberto Freyre e Rachel de Queiroz, entre tantos.

O sucesso do modelo foi vigoroso até meados dos anos de 1960. A partir de então, fosse pela nova conjuntura da comunicação do país – já com a entrada da tevê –, fosse pela ampliação do mercado periódico, com a concorrência da similar *Manchete* (1952) e *Fatos e Fotos* (1961), a publicação perdeu seu espaço. Em 1975, encerrava sua primeira fase.

Publicidade: dependência irremediável

Não eram as assinaturas que garantiam a sobrevivência do jornal, mas sim as verbas injetadas pela propaganda e pela publicidade. Chateaubriand construiu seu império com a motivação de que negócio bom era aquele que anunciava muito. Por essa razão adquiriu em 1937 o Laboratório de Cacau Xavier, especializado em produtos farmacêuticos populares; arrematou em leilão público o espólio de seus grandes anunciantes, o Guaraná Espumante e, de quebra, levou as Indústrias de Chocolate Lacta; e ainda os Laboratórios

IMPRENSA E CIDADE

Ipiranga e Gaby, este também produtor de sucessos de venda da época: o pó-de-arroz Joli e a água-de-colônia Gilca.[9] Quando não obtinha sucesso na aquisição de negócios de anunciantes, usava seu jornal para retaliar o produto. Essa publicidade que sustentava a imprensa do papel ainda levaria algum tempo para migrar para aquela falada. Os anunciantes e patrocinadores preferiram se colocar nos jornais e revistas, considerados mais seguros de retorno. Já a propaganda política, no quadro do populismo getulista, encontrara nas ondas sonoras do rádio sua melhor difusão.

Quanto à propaganda profissional, ao lado da Ayer, a primeira agência de propaganda norte-americana implantada no Brasil, em 1930, para atender a Ford, colocara-se a J. W. Thompson, para atender à General Motors, mantendo-se até hoje como a agência mais antiga do país.

Com exceção da Antárctica, nossa primeira grande anunciante, as demais marcas publicitárias de peso passaram a se fazer por multinacionais, entre elas Mappin & Webb, Nestlé, Colgate-Palmolive, General Electric, Souza Cruz (British American Tobacco) e Ford. A Bayer inovaria lançando campanha com peças em seqüência, dotada de estratégia planejada.

Em 1957, a realização do I Congresso Brasileiro de Propaganda sinalizava a importância da matéria, que exigia regulamentação, sendo aprovadas as bases do código de ética da profissão, oficializado em 1960.[10]

Desde os anos 1910, o modelo norte-americano de propaganda e publicidade serviu-nos de matriz, valendo-se, inclusive, de elementos estranhos à nossa realidade, como personagens loiros e paisagens com neve. A partir dos anos 1960, e mais ainda em 1970, se produziria repertório vol-

---

9 MORAIS, Fernando. Op. cit., p.367.
10 MARCONDES, Pyr. *Uma história da propaganda brasileira*. Rio de Janeiro: Ediouro, 2002. p.38.

tado ao cotidiano do país. Nascia a propaganda com sotaque brasileiro, hoje uma das mais premiadas e festejadas, também no mercado internacional.

A notícia pela imagem: a implantação da tevê

A década de 1950 assistiu à consolidação da forma moderna de fazer jornal, à consagração do rádio e à regulamentação da propaganda. Assistiu também, "literalmente", ao nascimento de outro veículo revolucionário no quadro da cultura de massa: era a televisão, cuja primeira emissora, a PRF-3 ou TV Tupi, foi inaugurada em 18 de setembro de 1950, às 22 horas, com duas horas de atraso.

Quarto país do mundo a transmitir a imagem televisiva, a iniciativa ousada coube a Assis Chateaubriand, que se valeu da tradicional habilidade para canalizar verbas de propaganda, obtendo previamente o patrocínio de anunciantes de peso, que garantiram a retransmissão do veículo por um ano: a Sul América, a Antárctica, a laminação Pignatari e o Moinho Santista.

Nessa década se iniciaria também a acirrada concorrência das indústrias brasileiras, que necessitavam de fórmulas de atuação em um mercado extremamente competitivo. A chegada dos supermercados, em 1953, acelerou esse processo. Em paralelo, o plano de metas de Juscelino, – cultivando a velocidade nas conquistas e a ampla exposição de realizações espetaculares em curso – acentuou a comunicação via imagem, modalidade para a qual a tevê entrava como veículo ideal.

Inicialmente, apenas se prestou às amadoras retransmissões ao vivo, sob o comando de garotas-propaganda inseguras e titubeantes; a partir dos anos 1960 se colocaria como o veículo mais importante da comunicação contemporânea. Enquanto a cobertura de um fato marcante, em 1954 – o suicídio de Getúlio – ainda se dera pela ampla

IMPRENSA E CIDADE

divulgação da mídia escrita, um fato marcante de 1960 – a inauguração de Brasília, a nova Capital Federal – já experimentava a ampla propagação da transmissão televisiva.

Esse processo de retransmissão da imagem ocorreu ao compasso do ritmo desenvolvimentista e propagandístico do governo, dando-lhe sustentação. Espelhavam-se, em tela, os tempos de JK.

Imprensa a serviço do progresso: tempos de JK

Em 31 de janeiro de 1956, o mineiro Juscelino Kubitschek era eleito presidente do Brasil pela coligação de forças populistas PSD-PTB. Sua prioridade centrava-se no Plano de Metas, num total de 31 metas, entre as quais a expansão de setores de energia, transporte, alimentação, educação, indústrias de base – em particular a indústria automobilística – e, como meta síntese, a construção de Brasília, a nova capital.

A partir de então, a venda de imagens associadas ao progresso e ao desenvolvimento moderno do país foi tarefa contínua dos órgãos oficiais da imprensa. A cobertura da inauguração de Brasília, em 21 de abril de 1960, pela tevê, foi um dos momentos de consagração do veículo.

A nova câmera, contudo, foi documentarista permanente de cenários de progresso: das ruas e estradas invadidas por frotas de veículos de *design* moderno, substituindo os velhos modelos importados; de uma nova arquitetura, de linhas retas, na esteira da construção de Brasília; da apropriação do Palácio da Alvorada pela febre de reformas ao estilo da nova capital, a "Novacap". Da mesma forma amplamente divulgada, a visita de Eisenhower, sinalizando prestígio internacional e o rompimento do governo com o FMI, obstáculo para o Programa de Metas.

Mas também a imprensa escrita dava suporte à imagem de empreendimento vitorioso, através da revista *Manchete*, de Adolpho Bloch, a serviço da publicidade de JK, em parte criada para desbancar *O Cruzeiro*, de Assis Chateaubriand.

No clima de avanço da propaganda, a publicidade intensificava conteúdos ufanistas de um país em acelerada modernização. Nesse contexto, nasceram duas editoras que, inicialmente, dominariam o mercado de revistas, mas em seguida se expandiriam por novos caminhos da difusão: a tevê e o jornalismo *on-line*.

Homens certos, na hora certa, no lugar certo

Inicialmente foi Adolpho Bloch (1908-1995), ucraniano, que chegara com a família ao Brasil, em 1921. O pai trazia na bagagem a experiência gráfica, e em 1923 montou no Rio de Janeiro a Josef Bloch & Filhos. Em 1950, Adolpho, o mais novo, investiu em máquinas que durante a semana imprimiam as revistas infantis de *O Globo*. Com as máquinas paradas aos domingos e segundas, começou a imprimir a *Manchete*, suporte propagandístico de Juscelino. Ocupava um nicho de mercado promissor, desdobrando-se em leque de publicações periódicas propícias à publicidade e ao imaginário de novos consumidores.

No tripé desse sucesso compareciam o apoio do governo, através de JK; o surto de investimentos na propaganda e na publicidade; a longa experiência gráfica e o empenho de seu proprietário.

O curso da "experiência democrática", do deslanchar da propaganda, da publicidade e da euforia do desenvolvimentismo possibilitaram outra experiência bem-sucedida: a criação da Editora Abril.

Em 1949, chegava ao Brasil o ítalo-americano Victor Civita (1907-1990), posteriormente naturalizado brasileiro. Inferindo a presença do capital em São Paulo, fincou na cidade uma pequena editora, a Abril, que se tornou a maior empresa de comunicação gráfica do país, hoje também de comunicação televisiva.

Seu primeiro lançamento era um filão de mercado: as revistas infantis de quadrinhos. *Pato Donald* foi a primeira delas, em 1950. Em 1951, punha em funcionamento sua gráfica própria e, em seguida, uma distribuidora, engrenagem fundamental num país de dimensões continentais como o Brasil.

Seguindo as necessidades de diversificação, lançou em 1952 *Capricho*, revista feminina voltada para público adolescente e jovem, que se tornaria campeã de mercado. Não parou mais, cobrindo praticamente toda a segmentação da imprensa de revistas, lançando em 1965 a novidade dos fascículos.

A participação do filho Roberto Civita, que chegara ao Brasil em 1958, com 22 anos, possibilitou implementar o empreendimento familiar. Com vivência do mercado norte-americano e europeu, enriqueceu os títulos periódicos da empresa, lançando *Veja* (1968), modalidade pioneira no país, bem como a qualificada *Exame* (1967). Apostando num segmento ousado, lançou a revista *Playboy* (1975).

O crescimento da editora de Victor Civita também se assentou num tripé de forças conjugadas, conformado: pelo momento político-econômico de abertura então vivido; pelo empenho e sensibilidade de seu proprietário, cercando-se de profissionais competentes; pelo aporte de capitais significativamente carreados dos Estados Unidos.

Esse surto da imprensa periódica no país – notadamente de revistas – contou com nomes de peso, que deixaram marcas e criaram escola. Mino Carta, Domingos Alzugaray, Thomas Souto Correa – da primeira hora da empresa – devem ser consignados na construção de um império do papel que hoje se desdobra na multiplicidade de mídias da comunicação contemporânea.

Apesar do recorrente discurso nacionalista, a internacionalização do capital se impôs. Ensaiava-se a sociedade do espetáculo contemporânea, que teria na imagem sua força propagadora. Não sem obstáculos. A qualificação observada nos órgãos da imprensa ao longo daquele período da "experiência democrática" seria em breve interrompida. Nos trinta anos subseqüentes, a ditadura militar implantada no país levaria a imprensa a um dos mais severos controles de sua trajetória.

5 Imprensa traída
(1960 a 1987)

A Polícia Federal proíbe a divulgação do discurso do líder da Maioria, Senador Filinto Miller, negando a existência da censura no Brasil.
19 de setembro de 1972.

Os anos iniciais da década de 1960 foram marcados por profunda instabilidade política: eleição, posse e renúncia de Jânio Quadros em agosto de 1961; crise em torno do sucessor, uma vez que a Constituição determinava a investidura do vice-presidente João Goulart (Jango), que, entretanto, não contava com o apoio de setores da sociedade civil e das forças armadas. Jango estava entre os principais quadros do Partido Trabalhista Brasileiro (PTB), já ocupara o cargo de Ministro do Trabalho durante o segundo governo Vargas e de vice-presidente no quadriênio de Juscelino Kubitschek, sendo considerado herdeiro do varguismo e simpatizante das esquerdas. Na visão dos grupos conservadores, a sua efetivação no poder representava uma grave ameaça à ordem estabelecida. A imprensa atuou como importante ator político no desenrolar dos acontecimentos. Jornais como *O Estado de S. Paulo, O Globo* e, sobretudo, *Tribuna da Imprensa*, que ainda pertencia ao então governador da Guanabara, o udenista Carlos

ANA LUIZA MARTINS E TANIA REGINA DE LUCA

Lacerda,[1] faziam previsões alarmistas e posicionaram-se contra a posse de Jango.

A imprensa e o governo Goulart

Não eram poucas as vozes contrárias que insistiam no respeito às normas vigentes. O governador gaúcho Leonel Brizola organizou a rede da legalidade, mais de uma centena de emissoras de rádio dos estados do sul do país que defendiam a saída constitucional. A articulação em torno de Goulart cresceu. Os jornais de Assis Chateaubriand, o *Correio da Manhã*, a *Folha de S.Paulo,*[2] o *Jornal do Brasil* e *Última Hora,* postaram-se ao lado dos que defendiam a legalidade.

Diante da ameaça de aprofundamento da crise, chegou-se a uma solução comum: Jango assumiria o cargo com poderes limitados graças à emenda constitucional que instituiu o parlamentarismo, regime a ser referendado por plebiscito em 1965. João Goulart recebeu a faixa presidencial em 7 de setembro de 1961.

Entretanto, os ânimos não eram os melhores. O fraco desempenho econômico do país aumentava o desemprego, a inflação e o déficit externo. A mobilização dos trabalhadores rurais e urbanos atingiu proporções até então desconhecidas, envolvendo sindicatos, ligas camponesas, setores progressistas da Igreja Católica, estudantes, intelectuais, sargentos, soldados e marinheiros.

A intensificação das reivindicações da força de trabalho e de outros estratos da sociedade civil era apreendida

---

1 Lacerda vendeu o jornal, dois meses depois da renúncia de Jânio Quadros, para Francisco do Nascimento, que, por sua vez, revendeu o periódico, em março do ano seguinte, para Hélio Fernandes.

2 A partir de janeiro de 1960, os jornais do grupo Folha foram reunidos sob o título *Folha de S.Paulo*, publicado em três edições diárias. Em 1967, a edição vespertina voltaria a ostentar o título *Folha da Tarde*. Vale lembrar que, em 1962, o jornal passou para as mãos de Octavio Frias de Oliveira e Carlos Caldeira Filho.

como subversão da ordem estabelecida, versão que foi alardeada pela imprensa.

A temida infiltração comunista nos órgãos do Estado parecia materializar-se na proposta presidencial de realizar a reforma agrária, na aproximação e negociação direta com os sindicatos, no crescimento do número de greves, na lei de remessa de lucros, na política externa de não alinhamento imediato e irrestrito com as posturas norte-americanas. Atravessava-se um momento de particular intensidade da Guerra Fria, em função da vitória de Fidel Castro em Cuba, que implicou redobrados esforços dos Estados Unidos para manter sua hegemonia na região. Nesse contexto de crescente polarização política, aprovou-se a antecipação do plebiscito para janeiro de 1963.

Os proprietários d'*O Estado de S. Paulo* não escondiam sua oposição ao presidente. No dia do referendo popular, o editorial "Um esbulho aos direitos da nação" criticava a consulta e insinuava a possibilidade de fraudes, praticadas pelo próprio chefe do governo.

O leitor que folheasse o *Última Hora* confrontava-se com situação muito diversa. Na primeira página anunciava-se em tom triunfal: "Democracia está vitoriosa sem sangue e sem lágrimas", "Povo disse 'não' em todo o país!". O jornal deixava clara sua posição ao afirmar que "a camarilha golpista, a que forjou o Ato Adicional, sofreu uma inapelável derrota".[3]

Após o plebiscito, as forças em disputa tenderam aos extremos do âmbito político, criando uma atmosfera alarmista, de confronto e tensão, que tinha na imprensa um de seus canais privilegiados não só de difusão, mas também de cria-

---

3 OLIVEIRA, Maria Rosa Duarte de. *João Goulart na imprensa*. De personalidade a personagem. 2.ed. rev. e amp. São Paulo: Annablume, 1993. A obra traz encarte com fac-símile de páginas inteiras e matérias publicadas nos periódicos *O Estado de S. Paulo, Folha de S.Paulo* e *Última Hora*, entre 1961 e 1964, do qual foram retiradas todas as citações.

ção e realimentação. Os principais grupos jornalísticos seguiam atuando como porta-vozes de partidos e/ou correntes políticas, criticando e combatendo por ideais, valores e apreensões do mundo em campanhas apaixonadas que se valiam do poder da escrita. Ao longo da empreitada, os proprietários dos veículos de comunicação de massa – grandes jornais, revistas, estações de rádio e da ainda principiante rede de televisão – demonstrariam, de forma inequívoca, os limites do liberalismo que professavam e a relativa rapidez com que estavam dispostos a abrir mão da democracia, da liberdade de expressão e do respeito às instituições e preceitos legais.

Comunismo e continuísmo nos periódicos

A exemplo do que ocorrera pouco antes do golpe militar que instituiu o Estado Novo, o comunismo, caracterizado como doutrina exógena e contrária aos princípios cristãos do povo brasileiro, voltou a ser mobilizado como o grande inimigo da nação.

No Congresso Nacional, havia grupos organizados como a Ação Democrática Parlamentar, organizada ainda durante a presidência de Jânio Quadros e que articulava contra Jango, e o Instituto Brasileiro de Ação Democrática (Ibad, criado em 1959) que apoiava, por intermédio da revista *Ação Democrática*, o anticomunismo. A revista, distribuída gratuitamente, moveu intensa campanha para convencer empresas a não anunciar em órgãos pró-Goulart, tachando-as de financiadoras do comunismo.[4] O impacto dessa atuação pode ser avaliado se considerarmos que a publicidade respondia por quase 80% da receita dos jornais.

---

4 GOLDENSTEIN, Gisela Taschen. *Do jornalismo político à indústria cultural*. São Paulo: Summus, 1987.

IMPRENSA E CIDADE

Já o Instituto de Pesquisas e Estudos Sociais (Ipes, datado de 1963) era integrado por empresários paulistas e cariocas, inclusive proprietários dos principais jornais e que pretendiam defender a livre iniciativa por todos os meios a seu alcance. O instituto reuniu diversos grupos insatisfeitos com Goulart e manteve estreitas relações com a Escola Superior de Guerra (ESG), que defendia um estado centralizado, forte e modernizador.[5]

Sem contar com uma base de sustentação no Congresso Nacional que lhe permitisse levar adiante as reformas de base (administrativa, bancária, fiscal, universitária, urbana e, especialmente, a agrária), pressionado pelos setores mais à esquerda, João Goulart e assessores mais próximos esperavam vencer a resistência parlamentar a partir do clamor das ruas, daí a proposta de realizar grandes comícios populares, fonte de apoio para a implementação de medidas por decreto. A estratégia contribuía para potencializar os rumores acerca das veleidades ditatoriais do presidente.

O argumento de que o presidente preparava um golpe foi mobilizado diversas vezes na imprensa, especialmente depois que Goulart solicitou ao congresso a decretação do estado de sítio (outubro de 1963), pedido retirado antes de ir à votação diante da oposição da esquerda e da direita. Sob o argumento de que Jango decretaria estado de sítio e daria um golpe durante o recesso da Câmara e do Senado, a *Folha de S.Paulo* defendeu, em fins de 1963, a convocação do Congresso em caráter extraordinário para manter a ordem democrática no país.

Já o diretor d'*O Estado de S. Paulo*, Ruy Mesquita, relembra:

---

5 Sobre a importância da tríade Ipes, Ibad, ESG na preparação do golpe, consultar: DREIFUSS, René Armand. *1964: a conquista do Estado*. Ação política, poder e golpe de classe. Petrópolis: Vozes, 1982.

semanalmente o nosso grupo de civis reunia-se com quarenta, cinqüenta oficiais e discutia o que fazer para resistir ao golpe que achávamos inevitável ... Nós achávamos que, na hora em que ele declarasse a reforma institucional, poderíamos resistir e aí fazer uma espécie de *guerra de guerrilha...*[6]

Os boatos sobre continuísmo e o temor de uma guinada para a esquerda contribuíam para a sensação de insegurança.

Basta! Fora!

Ao primeiro e único comício, realizado na Central do Brasil (RJ) a 13 de março de 1964, compareceram cerca de duzentas mil pessoas que ouviram discursos inflamados sobre reforma agrária, contenção dos aluguéis, extensão do direito de voto aos analfabetos e praças, além de testemunharem a assinatura de dois decretos: o que determinava a encampação das refinarias particulares e o que previa a desapropriação de áreas valoradas por investimentos públicos. Tudo transmitido ao vivo pelas emissoras de rádio e televisão.

As repercussões não se fizeram esperar. A imprensa de todo o país, exceção feita ao jornal de Samuel Wainer, *Última Hora*, colocou-se contra João Goulart. A *Folha de S.Paulo* clamava, em editorial datado de 14 de março, pela intervenção das forças armadas:

> O comício de ontem, se não foi um comício de pré-ditadura ... Resta saber se as Forças Armadas, peça fundamental para qualquer mudança deste tipo, preferirão ficar com o Sr. João Goulart, traindo a Constituição e a Pátria, ou permanecer fiéis àquilo que devem defender, isto é, a Constituição, a Pátria e as instituições.

---

6 MOISÉS, José Álvaro; BENEVIDES, Maria Victória. A imprensa e a história. *Lua Nova*. Rio de Janeiro, v.1, n.2, jul./set. 1984. p.28-9.

IMPRENSA E CIDADE

Já o moderado *Correio da Manhã* alertava, em editorial de 15 de março: "delegação de poderes é mais que emenda da Constituição. É modificação do regime. Significaria a radicalização do país oficializada. Seria nada mais nada menos que, atrás de uma fachada constitucional, a ditadura".[7]

No dia 19 de março, como resposta ao comício da Central, foi organizada no centro de São Paulo a Marcha da Família com Deus pela Liberdade. A imprensa paulista deu ampla cobertura ao evento. *O Estado* e a *Folha* dedicaram grande parte de suas primeiras páginas às fotografias da multidão. Enquanto a *Folha* enfatizava a adesão espontânea, o *Última Hora* referia-se à dispensa dos trabalhadores, ao fechamento do comércio pouco antes do evento e à presença de muitos curiosos, sem deixar de apontar a origem social dos participantes.

Os setores das forças armadas que ainda não haviam emprestado seu apoio à deposição de João Goulart o fizeram quando a situação nas forças armadas indicava o risco de quebra da hierarquia. A crise envolvendo os marinheiros, que em março de 1964 exigiram e conseguiram a deposição do ministro desta arma, foi considerada pela *Folha*, em 29 de março de 1964, como tendo "... todas as características de uma capitulação. A indisciplina saiu vitoriosa, e aos indisciplinados só falta conceder medalha de honra ao mérito".

É característico dos novos tempos que o general Olimpio Mourão Filho, o elaborador do plano que serviu de pretexto para o golpe de 1937, tenha precipitado os acontecimentos ao assistir pela televisão, no dia 30 de março, o discurso em que Jango se solidarizou com marinheiros recém-rebelados e reafirmou o propósito de levar adiante

---

7 Apud ANDRADE, Jeferson. *Um jornal assassinado*. A última batalha do *Correio da Manhã*. Rio de Janeiro: José Olympio, 1991. p.21.

as reformas de base. O episódio mereceu ácido comentário do *Jornal do Brasil*: "não pode mais ter amparo legal quem no exercício da Presidência da República, violando o Código Penal Militar, comparece a uma reunião de sargentos para pronunciar discurso altamente demagógico e de apoio à divisão das Forças Armadas".[8] Irritado com o que vira e ouvira, o general Mourão decidiu sair de Juiz de Fora e colocar suas tropas em marcha para o Rio de Janeiro.

Dois editoriais contundentes do *Correio da Manhã*, datados de 31 de março (Basta!) e 1º de abril (Fora!) de 1964 sintetizam a postura dominante, principalmente porque o jornal não estava entre os que conspiravam abertamente contra Jango.

A deposição, na madrugada de 2 de abril, ocorreu sem resistências e contou com significativa articulação civil. Informado da sublevação, Jango deixou o Rio, foi para Brasília e daí seguiu para Porto Alegre. Apesar da insistência de Leonel Brizola, decidiu não resistir. Ainda com o presidente em território brasileiro, o cargo foi declarado vago e ocupado pelo presidente da Câmara dos Deputados. Em 4 de abril, Goulart e família solicitaram asilo no Uruguai.

A imprensa e os militares

A imprensa saudou a deposição de Goulart e a nova ordem, como indica a sugestiva manchete do *Estado* de 2 de abril de 1964: "Vitorioso o movimento democrático", ou a análise do *Jornal do Brasil* que afirmou, no editorial do dia 3: "A virilidade do movimento cívico que reinstalou o império da lei e da liberdade no país, que demonstrou a aver-

---

8 http:// www.uol.com.br/rionosjornais. *Site* O Rio de Janeiro através dos jornais (1888-1969), elaborado por João Marcos Weguelin. Acesso em março/2004.

são do povo brasileiro à comunização". A *Tribuna da Imprensa* especificava o tratamento a ser dispensado aos senhores da véspera:

> ... não podemos ser generosos ou sentimentais. Para os civis, cassação dos direitos políticos. Para os militares ... o caminho é um só e inevitável: a reforma pura e simples. Não falavam tanto em reforma? Pois apliquemos a fórmula a eles.[9]

O substituto legal do presidente foi posto de lado pelo autodenominado Comando Supremo da Revolução, que assumiu o controle. Em 14 de abril, o novo presidente, general Humberto de Alencar Castelo Branco, chefe do Estado Maior do Exército e da conspiração militar, tomou posse.

Com poderes para cassar mandatos parlamentares, suspender direitos políticos, demitir funcionários públicos, decretar estado de sítio, propor reformas constitucionais, o novo regime excluiu os "elementos subversivos". Muitos foram presos, outros procuraram asilo político, além de montante impreciso que deixou o país. Nas Forças Armadas, oficiais foram punidos com passagem obrigatória para a reserva e grande parte das diretorias de entidades sindicais foi deposta, estimando-se que o expurgo atingiu a casa das dez mil pessoas.[10]

O saldo na imprensa

Publicações identificadas com reivindicações populares, partidos ou idéias de esquerda foram as primeiras a sentir o peso da nova ordem: órgãos do clandestino Partido Comunista, das Ligas Camponesas, do movimento estudan-

---

9 *Tribuna da Imprensa*, 2 de abril de 1964. http://www.uol.com.br/rionosjornais. Acesso em março/2004.

10 GASPARPI, Elio. *A ditadura envergonhada*. São Paulo: Companhia das Letras, 2002. p.130-1.

til, de setores progressistas da Igreja Católica ou de tendência nacionalista foram fechados. Destino idêntico tiveram coleções voltadas para a divulgação de temas políticos e revistas de reflexão teórica, que reuniam parte da intelectualidade.[11]

Sucursais e a sede do *Última Hora*, que sempre se mantivera fiel a Jango, foram invadidas e empasteladas, e Samuel Wainer teve seus direitos políticos cassados e, constrangido a sair do país, deixou o periódico em mãos de terceiros. O jornal não mais se recuperaria e o título acabou sendo vendido em 1971. O *Diário Carioca*, que também se colocara ao lado do governo deposto, deixou de circular no final de 1965.[12]

Entretanto, a ampla reunião de forças que atuou na queda de João Goulart não tardou a apresentar fissuras. No interior das forças militares definiram-se dois grupos: um associado aos quadros que haviam freqüentado a Escola Superior de Guerra, denominada de Sorbonne em alusão à renomada universidade francesa, como era o caso dos generais Castelo Branco, Golbery do Couto e Silva e Ernesto Geisel, e a chamada linha dura, formada por oficiais, na maioria jovens, que defendiam o fechamento do regime. Tal disputa marcou todo o período da ditadura militar e desempenhou papel fundamental nas mudanças de rumo do regime.

Na área civil, o coro dos admiradores da nova ordem começou a apresentar discordâncias crescentes à medida que o governo acumulava desgastes políticos, não conse-

---

11 KUCINSKI, Bernardo. *Jornalistas e revolucionários*. Nos tempos da imprensa alternativa. 2. ed. rev. e ampl. São Paulo: Edusp, 2003. p.38-42, contém dados sobre o assunto.

12 A respeito das causas da crise do *Diário*, que também teve componentes de ordem interna, e dos anos finais de *Última Hora*, que circulou até 1991, consultar: ABREU, Alzira de Abreu (et al.). *Dicionário histórico-biográfico brasileiro pós-1930*. 2.ed. rev. e ampl. Editora FGV; CPDOC, 2001.

IMPRENSA E CIDADE

guia apoio do Congresso para aprovar reformas, via-se confrontado com crescentes denúncias de abuso de poder e encontrava resistência para o seu plano de crescimento econômico e controle da inflação à custa de amplo arrocho salarial.

A *Tribuna da Imprensa*, por exemplo, posicionou-se de forma cada vez mais crítica, o que valeu ao proprietário, Hélio Fernandes, a proibição de assinar artigos no seu jornal e a impugnação da sua candidatura a deputado federal nas eleições de 1966.

O *Correio da Manhã* desempenhou papel particularmente importante, pois esteve entre os jornais que logo se opuseram ao regime. Em editoriais e noticiário criticou-se a onda de perseguições e o terrorismo cultural, praticado em nome do combate à subversão. A campanha contra a tortura foi constante. "Da arte de falar mal", coluna diária de Carlos Heitor Cony, tornou-se uma trincheira contra desmandos e arbitrariedades praticadas pelo regime, e o jornalista acabou sendo processado sob alegação de que os textos causavam intranqüilidade no exército e poderiam inspirar insurreição.[13]

A "Sorbonne" cede

Ao ser empossado na presidência, Castelo Branco prometeu entregar ao seu sucessor, legitimamente eleito em eleições livres, uma nação coesa. A previsão não se cumpriu e, sob o clamor da linha dura por medidas mais enérgicas, o que ficou, de fato, como herança, foram os fundamentos institucionais que colocavam o regime no caminho da ditadura aberta.

---

13 Os artigos foram reunidos no livro *O ato e o fato*. Rio de Janeiro: Civilização Brasileira, 1979, relançado em 2004 pela editora Objetiva.

Os partidos políticos foram extintos e criou-se uma estrutura bipartidária, que resultou na organização da Aliança Nacional Renovadora (Arena) e no Movimento Democrático Brasileiro (MDB); as eleições para os cargos do executivo federal (presidente) e estadual (governador) passaram a ser todas indiretas.

Castelo Branco não dispôs de espaço político para indicar seu sucessor e amargou, em outubro de 1966, a "eleição" de Arthur da Costa e Silva, tido como porta-voz de setores mais radicais. Meses antes da entrega do cargo, marcada para 15 de março do ano seguinte, aprovou-se uma nova Constituição (janeiro de 1967), a Lei de Segurança Nacional, que definia os crimes contra a ordem política e social, e a Lei de Imprensa, que disciplinava a divulgação de informações, ambas de março de 1967.

Troca-se: "um homem sem pescoço por outro sem cabeça"[14]

Os dois primeiros anos do governo Costa e Silva foram marcados por intensa agitação estudantil. Reclamações específicas relativas à melhoria da qualidade do ensino, aumento de vagas e verbas para cursos superiores, mesclavam-se com o combate ao regime. A seqüência das manifestações no decorrer do ano de 1968, ápice das mobilizações, torna claro o clima crescente de confronto.

Em 28 de março, no restaurante apelidado Calabouço – alusão às condições precárias do edifício improvisado no qual se alimentavam –, os estudantes organizavam o que deveria ser mais uma das muitas passeatas de protesto,

---

14 A piada, relativa à substituição do ocupante do Palácio do Planalto, foi contada à Rachel de Queiroz pelo primo, o marechal Castello Branco, que tinha sérias dúvidas a respeito da capacidade de seu sucessor. PILAGALLO, Oscar. Op. cit., p.113.

IMPRENSA E CIDADE

desta vez em prol da melhoria das instalações e da qualidade das refeições. Entretanto, o local foi cercado pela polícia e um estudante, Édson Luís Lima Souto, de dezessete anos, caiu morto.

O fato provocou indignação e reanimou a oposição aos procedimentos policiais. O velório e o enterro de Édson – secundarista pobre, sem ligações com movimentos políticos e que estudava no Rio de Janeiro – sensibilizaram e reuniram intelectuais, artistas, camadas médias e populares. Estima-se que cinqüenta mil pessoas acompanharam o corpo. Na edição de 29 de março, o *Correio da Manhã* manifestou profunda indignação diante do ocorrido:

> Atirando contra jovens desarmados, atirando a esmo, ensandecida pelo desejo de oferecer à cidade apenas mais um festival de sangue e morte, a Polícia Militar conseguiu coroar, com esse assassinato coletivo, a sua ação, inspirada na violência e só na violência. Barbárie e covardia foram a tônica bestial de sua ação, ontem.[15]

Zuenir Ventura relata os vários protestos desencadeados pela morte de Édson, ocorrida às vésperas do quarto ano do golpe militar.[16] Após violentos choques que marcaram a passagem da data em várias capitais do país, o confronto seguinte ocorreu por ocasião das missas de sétimo dia. A Igreja da Candelária (RJ) foi palco de cenas violentas logo após as celebrações. A *Folha de S.Paulo* estampou, na primeira página do dia 5 de abril, fotografia da cena com a seguinte legenda: "Os padres que participaram da missa na igreja da Candelária, na Guanabara, avançam à frente do povo, para evitar o choque com cavalarianos da Polícia Militar, o que conseguiram parcialmente". Encimando a foto a manchete: "Sítio: Costa amanhã no Rio

---

15 http://www.uol.com.br/rionosjornais. Acesso em março/2004.
16 VENTURA, Zuenir. *1968: o ano que não terminou*. Rio de Janeiro: Nova Fronteira, 1988.

para decidir", sinal claro de que ganhava força a campanha em prol do fechamento do regime, que de fato ocorreria meses depois.

Os defensores do golpe dentro do golpe ganhavam força, quando o governo perdia a batalha para a opinião pública. A invasão da Universidade Federal do Rio de Janeiro, marcada por cenas de extrema violência, não pode ser desvinculada do apoio que a população emprestou aos estudantes no dia seguinte, durante as manifestações da chamada "sexta-feira sangrenta" (21/6). Zuenir Ventura assinala: "durante quase dez horas, o povo lutou contra a polícia nas ruas, com paus e pedras, e do alto dos edifícios, jogando garrafas, cinzeiros, cadeiras, vasos de flores e até uma máquina de escrever".

Pouco depois, em 26 de junho, realizava-se no Rio de Janeiro a passeata dos cem mil, que reuniu estudantes, clérigos, intelectuais, artistas, saudada pelos jornais como raro exemplo, pois não se registrou qualquer incidente mais sério, em grande parte graças à não-intervenção das forças policiais. O Ministro da Justiça não se deu por vencido e, embora reconhecendo o caráter pacífico e ordeiro do evento, declarou à imprensa que houve "distribuição de panfletos altamente subversivos".

A página inicial da *Folha* do dia 27 testemunha a cisão do país: na primeira metade da parte superior, uma fotografia da passeata carioca, na segunda o caixão de um soldado morto em São Paulo por um atentado. As esquerdas se dividiam entre os que viam na luta armada a única saída e os que investiam na associação de uma frente ampla e na organização da sociedade civil; a direita apresentava-se mais coesa e também agia, como atestam a invasão do teatro Ruth Escobar (SP), em julho de 1968, pelo Comando de Caça aos Comunistas e o espancamento dos atores de *Roda Viva*.

Em 12 de dezembro de 1968, o Congresso forneceu o pretexto que faltava para a linha dura ao não conceder licença que permitiria a punição de Márcio Moreira Alves, autor de um discurso considerado ofensivo às forças armadas. A derrota do governo precipitou a edição, no dia seguinte, do Ato Institucional nº 5 (AI-5), de há muito reclamado pelos que defendiam um aprofundamento da revolução.

AI-5: a imprensa novamente amordaçada

O Congresso foi fechado por tempo indeterminado, cassações e perda de direitos políticos voltaram à ordem do dia, as prisões ficaram abarrotadas e o cerco à cultura e à imprensa fechou-se. Sem constrangimentos jurídicos – vale lembrar que o *habeas corpus* foi suspenso para crimes políticos –, a ação dos órgãos de repressão exerceu-se com desenvoltura até então inédita. A tortura, os abusos de toda ordem e os assassinatos nas dependências policiais tornaram-se moeda corrente.

Mal o ato foi divulgado, os principais órgãos da imprensa escrita e radiotelevisiva foram imediatamente colocados sob censura. A sede do *Correio da Manhã* foi invadida por agentes policiais, que prenderam o redator-chefe. Parte da edição do *Jornal da Tarde* foi apreendida, enquanto *O Estado de S. Paulo* foi proibido de circular, em função de um editorial de Júlio de Mesquita Filho, que criticava duramente o general Costa e Silva.[17]

No *Jornal do Brasil*, por sua vez, Alberto Dines, editor-chefe, encontrou uma forma de tornar claro ao leitor que o jornal fora censurado. Na primeira página do dia 14 de

---

17 O editorial foi reproduzido em PONTES, José Alfredo Vidigal; CARNEIRO, Maria Lúcia. *1968, do sonho ao pesadelo*. São Paulo: O Estado de S. Paulo, 1998. p.60-1. O *Jornal da Tarde* foi lançado em janeiro de 1966, tendo à frente do projeto o jornalista Mino Carta. Tratava-se de um jornal graficamente inovador, com muitas reportagens e textos mais leves. A linha editorial era a mesma d'O *Estado*.

dezembro, do lado esquerdo do título, havia uma peculiar previsão meteorológica – "Tempo negro. Temperatura sufocante. O ar está irrespirável. O país está sendo varrido por fortes ventos" – enquanto no lado oposto anunciava-se: "Ontem foi o dia dos cegos". A atitude enfureceu os militares e resultou na prisão de um dos diretores do jornal.

Com o correr dos meses, o controle das publicações foi exercido por meio de telefonemas e/ou bilhetes não assinados, que prescreviam o que poderia ou não ser publicado, instaurando-se a autocensura. Recorria-se a fórmulas genéricas, como "de ordem superior", "por determinação da Censura Federal", sem que uma autoridade específica pudesse ser responsabilizada pelo ato, que tampouco era assumido publicamente. Esperava-se que o público leitor não tomasse conhecimento dos limites e impedimentos a que estavam constrangidos os meios de comunicação de massa, com vistas a ocultar a dimensão autoritária do regime.

Apesar de ter havido tentativas de homogeneizar as interdições por meio de ordens gerais, o que predominou foi a decisão momentânea, tomada no calor dos acontecimentos e ao sabor dos interesses e do jogo político. Em pouco mais de um ano – de setembro de 1972 a dezembro do ano seguinte – o *Jornal do Brasil* recebeu 133 proibições, documentadas por Alberto Dines, algumas hilariantes, como aquela acima mencionada.[18]

Alguns jornais da chamada grande imprensa foram particularmente visados, caso do *Correio da Manhã* e *Última Hora* – que acabaram saindo de circulação, em parte pelas retaliações econômicas e perseguições políticas de que foram vítimas – e da *Tribuna da Imprensa*, cujo então pro-

---

18 DINES, Alberto. *O papel do jornal*. Uma releitura. 4.ed. amp. e atual. São Paulo: Summus, 1986. p.135-8, reproduz as regras gerais da censura enviadas aos jornais cariocas em 1972.

prietário, Hélio Fernandes, foi constrangido a conviver com a apreensão de edições e perda da liberdade, por mais de uma vez. Tampouco faltaram interferências governamentais na substituição de editores, como ocorreu, por exemplo, com Mino Carta, afastado de *Veja* (1976) e Cláudio Abramo, que saiu da *Folha de S.Paulo* (1977).

A censura prévia foi instituída nos órgãos que ultrapassaram o que se considerava tolerável, tal como ocorreu na *Tribuna da Imprensa* (1968 a 1978), revista *Veja* (1974 a 1976), que se tornou o semanário de maior circulação nacional, e nos jornais *O Estado de S.Paulo* e *Jornal da Tarde* (1972 a 1975). As matérias vetadas tinham que ser substituídas, não sendo permitida a presença de espaços em branco. Nos periódicos da família Mesquita adotou-se a estratégia de preencher o que havia sido cortado com trechos de poemas, especialmente *Os Lusíadas*, de Luís de Camões – caso do *Estadão* –, e com receitas culinárias, no *Jornal da Tarde*. A estratégia era surpreender o leitor com textos que aparentemente estavam fora de lugar, levando-o a compreender a interferência sofrida pelas publicações. Surgiram e ganharam força as editorias de economia: se a política era um campo minado, as realizações do regime podiam ser cantadas em verso e prosa.

A truculência não ficou restrita aos jornais. Zuenir Ventura informa que, durante os dez anos de vigência do AI-5, cerca de quinhentos filmes, 450 peças de teatro, duzentos livros, dezenas de programas de rádio, cem revistas, mais de quinhentas letras de música e uma dúzia de capítulos e sinopses de telenovelas foram censurados.

A imprensa e o flerte com o poder

A diminuição do número de grandes jornais em circulação durante o período militar foi alarmante. No Rio de

Janeiro, de 22 matutinos e vespertinos nos anos 1950 passou-se a 16 na década seguinte e a apenas sete no final de 1970. Isto por um conjunto variado de causas como o aumento vertiginoso do preço do papel, problemas administrativos e de má gestão financeira, caso típico da cadeia de Assis Chateaubriand, que não resistiu ao desaparecimento de seu fundador. Tais circunstâncias desfavoráveis foram, em vários casos, ainda mais agravadas pelas pressões e constrangimentos de ordem política.[19]

Se os proprietários dos veículos de comunicação opunham-se à censura, não se pode afirmar que se posicionaram de forma igualmente decidida contra os preceitos do regime em si. Vários estudos têm insistido "na complacência recíproca entre o regime e as empresas jornalísticas", conivência que pode ser atestada pelo fato de o governo não haver criado seus próprios veículos de comunicação. A grande maioria da imprensa submeteu-se à autocensura e foi mesmo além, uma vez que "freqüentemente os jornais resvalavam para o colaboracionismo veiculando *notícias* plantadas pela polícia sobre *fugas* ou *atropelamentos* de presos políticos, indiscriminadamente chamados de *terroristas*". Quando o país foi acusado de violação de direitos humanos, *O Globo* apressou-se em defender os poderes constituídos.[20]

Note-se que foi exatamente durante o período militar que os grandes jornais modernizaram-se. Importaram novas máquinas e equipamentos, construíram sedes, em grande parte com recursos oficiais. O jornalista Evandro Carlos de Andrade expressou a ambigüidade da relação entre o

---

19 ABREU, Alzira Alves. *A modernização da imprensa (1970-2000)*. Rio de Janeiro: Jorge Zahar, 2002. p.18.
20 KUCINSKI, Bernardo. Op. cit., p.78-9, grifos no original.

IMPRENSA E CIDADE

setor de comunicações e o poder, lembrando que a ditadura afagava com uma mão e batia com a outra: censurava o conteúdo e propiciava recursos, grande quantidade de publicidade, isenções fiscais, financiamentos e favores.[21]

A imprensa alternativa

Tais facilidades não estavam disponíveis para a imprensa alternativa, que floresceu durante a ditadura militar. Bernardo Kucinski informa que, entre 1964 e 1980, foram criados 150 periódicos, com duração, alcance e tiragem muito variáveis. Compartilhavam, porém, a oposição intransigente ao regime militar e atuaram como espaço de reorganização política e ideológica das forças de esquerda, num momento em que poucos ousavam desafiar a ordem estabelecida.[22]

A perseguição a essa imprensa, que não se pautava pela busca do lucro, foi feroz: prisão de editores, bombas nas redações, apreensões de edições inteiras e censura e cortes que atingiam grande parte do material produzido. Entretanto, apesar de toda a adversidade, os alternativos renovaram a diagramação, a linguagem jornalística e introduziram novos temas, ligados ao cotidiano e às mudanças comportamentais, como foi o caso do semanário *O Pasquim* (RJ, 1969), que chegou a vender mais de cem mil exemplares. *Opinião* (RJ, 1972), *Movimento* (SP, 1975), *Coojornal* (Porto Alegre, 1976), *Versus* (SP, 1976), *Em Tempo* (SP, 1977) estão entre os principais títulos.

---

21 Ver depoimento em ABREU, Alzira; LATTMAN-WELTMAN; ROCHA, Dora. *Eles mudaram a imprensa*: depoimentos ao CPDOC. Rio de Janeiro: FGV, 2003, p.36. Para os favores e incentivos, ver: GASPARI, Elio. *A ditadura escancarada*. São Paulo, Companhia das Letras, 2002. p.215-7.
22 KUCINSKI, Bernardo. *Jornalistas e revolucionários*. Op. cit.

Imprensa em tempos de abertura

Em fins de agosto de 1969, vítima de trombose cerebral, Costa e Silva deixou o poder. Uma junta militar escolheu o novo presidente, Emílio Garrastazu Médici (1969-1974), em cujo quadriênio as forças repressivas atuaram com grande desenvoltura. Foram os anos de chumbo.

Os presidentes generais que se seguiram, Ernesto Geisel (1974-1979) e João Figueiredo (1979-1985), engajaram-se no processo de abertura política, que visava, de forma "lenta, gradual e segura", de acordo com a máxima cunhada por Geisel e seu chefe da Casa Civil, General Golbery do Couto e Silva, recolocar o país no caminho da democracia.

O projeto, contudo, estava longe de ser compartilhado pelo conjunto das Forças Armadas e pelo aparelho repressivo. Nesse contexto, a imprensa atuou como a ligação entre o Estado e a sociedade civil. Abrandou-se o controle sobre os meios de comunicação, embora não se dispuses-

FIGURA 5. *MOVIMENTO.* S.D.   **FIGURA 6.** *OPINIÃO.* S.D.

IMPRENSA E CIDADE

se de liberdades plenas. Em 1975, a censura prévia deixou as redações do *Jornal da Tarde* e *d'O Estado de S. Paulo*.

Nesse mesmo ano a *Folha de S.Paulo*, com as finanças saneadas, deu início a ousado projeto de reforma editorial que contou, no início, com a presença de Cláudio Abramo. O jornal, que segundo Alberto Dines "não possuía página de opinião, nem muito menos opinião",[23] abandonou a postura acrítica e apoiou a abertura idealizada pelo general Geisel. A força dos opositores da distensão política ficou evidente nos assassinatos do jornalista Wladimir Herzog (outubro de 1975), que se apresentou para prestar depoimentos no Destacamento de Operações de Informações – Centro de Operações e Defesa Interna (DOI-Codi), e, meses depois, do operário Manuel Fiel Filho (janeiro de 1976), que supostamente teriam se enforcado. O estudo de Lilian Perosa sobre o caso Herzog constatou posições bastante diversas: condenação incisiva pelos jornais dos Mesquitas, oscilação e cautela no caso da *Folha*, e conivência absoluta no caso da *Folha da Tarde*.[24]

A demissão do comandante do II Exército, Ednardo D'Ávila Mello, representante da linha dura, demonstrou a disposição governamental de levar adiante seu projeto. Nada mais distante, porém, do que a imagem de uma linha contínua e certeira em direção à democracia. O significado da tríade "abertura lenta, gradual e segura" foi sendo apreendido na medida em que o governo evidenciou que não pretendia abrir mão do controle do processo. O pacote de abril (1977), que fechou o Congresso, introduziu reformas no judiciário, aumentou o mandato presidencial de cinco para seis anos, criou a figura dos senadores indicados.

---

23 DINES, Alberto. *O papel do jornal*: uma releitura. 4.ed. ampl. e atual. São Paulo: Summus, 1986, p.109.
24 PEROSA, Lilian M. F. de Lima. *Cidadania proibida*. O caso Herzog através da imprensa. São Paulo: Imprensa Oficial: Sindicato dos Jornalistas , 2001.

Geisel fez seu sucessor, João Batista Figueiredo, e entregou o país sem o AI-5, revogado no início de 1979. Os anos Figueiredo foram marcados por crescente inflação e baixo desempenho econômico. O descontentamento com a situação foi o motor das greves dos metalúrgicos paulistas (1978-1979), que desafiavam proibições legais.

Em maio de 1979, os jornalistas de São Paulo também paralisaram as redações em prol de 25% de aumento salarial. A greve, sem sucesso, teve conseqüências de longo alcance, uma vez que sob a influência dela houve a criação da Associação Nacional de Jornais (ANJ), que congregava proprietários de empresas jornalísticas.[25]

A campanha pela anistia também ganhou as ruas, como ocorreu na praça da Sé, em São Paulo, quando cerca de cinco mil pessoas compareceram a um ato público em favor da medida, efetivada em agosto de 1979. Nesse mesmo ano, os meios políticos agitaram-se com o fim do bipartidarismo, que originou uma série de agremiações, entre elas o Partido dos Trabalhadores (1980).

A extrema direita, inconformada com os rumos do país, tentou obstruir o processo em curso com atentados. O mais ousado deveria ter ocorrido em 1981. Seriam colocadas bombas no Rio Centro, onde cerca de vinte mil pessoas assistiam a um show musical. A tragédia não se concretizou, pois um dos artefatos explodiu no carro dos militares responsáveis pela operação. O episódio encerrou as possibilidades políticas dos radicais. Entretanto, permanecia aberta a questão de como se realizaria a transmissão do poder aos civis.

---

25 Sobre a importância da associação, seu papel no processo de homogeneização dos jornais e na política implantada nas redações, ver as observações de Alberto Dines em ABREU, Alzira; LATTMAN-WELTMAN; ROCHA, Dora. Op. cit., p.129-32.

"Diretas Já"

O sucessor de Figueiredo deveria ser escolhido pelo Congresso Nacional. Foi nesse contexto que se desenrolou a campanha pelas "Diretas Já", em prol da aprovação de emenda que previa eleições diretas.

A princípio tímida, a campanha angariou crescente apoio popular no início de 1984 e contou, desde a primeira hora, com o apoio da *Folha de S.Paulo*. Maio registrou as maiores mobilizações. Um comício no Rio de Janeiro reuniu mais de um milhão de pessoas. Na véspera da votação da emenda, a população manifestou-se, de forma sincronizada, às 20 horas, buzinando, batendo panelas e fazendo piscar as luzes das residências. Faltaram 22 votos para que a constituição fosse alterada. A capa do *Jornal da Tarde*, inteiramente em negro, simbolizou o luto nacional.

O ciclo militar encerrou-se com a posse, em 1985, de José Sarney, vice-presidente na chapa liderada por Tancredo Neves, que, por motivo de doença, não assumiu o cargo. Para a imprensa abria-se um novo período cujo desafio não estava em superar restrições e constrangimentos, mas em assumir, de fato, o papel que sempre se atribuíra: o de quarto poder, atento defensor dos interesses coletivos. Resta saber se tem sido capaz de desempenhar a tarefa.

6 Imprensa globalizada
(1988 a 2004)

É necessário criar um "quinto poder"...
Um "quinto poder" cuja função será denunciar os
superpoderes da mídia, dos grandes grupos midiáticos.
Ignácio Ramonet

Os trabalhos da Constituinte de 1988, presididos pelo deputado Ulysses Guimarães e transmitidos do Congresso Nacional, de Brasília, foram divulgados por ampla cobertura da imprensa escrita, radiofônica e televisiva, que documentou momento histórico de enorme significado no âmbito da conquista das liberdades civis.

Na perspectiva histórica das transformações da imprensa e das cidades no quadro nacional, aquele mesmo momento da Constituinte de 1988 constitui-se em marco balizador da história das comunicações e do avanço dos centros urbanos no Brasil. Basta retroceder à cobertura da imprensa e ao cenário da última Constituinte brasileira, no ano de 1946, no Rio de Janeiro, quando ainda não se conhecia a televisão. A então capital do país estava ligada a um tempo passado, no qual, por vezes, sobrepunha-se a imagem da Corte e a própria lembrança do Império.

Em 1988, o quadro mudou radicalmente. Quase quarenta anos mediavam as duas Cartas Magnas, distância pontuada por conquistas que referendam o Brasil em se-

IMPRENSA E CIDADE

tores dos temas em pauta: aquele do padrão de excelência da transmissão televisiva, um produto de exportação; aquele da qualidade arquitetônica e urbanística, que tem na cidade de Brasília a síntese dessa representação, cuja arquitetura de Oscar Niemeyer também é de apropriação internacional.

A "modernidade" retratada no país que se colocava como a 8ª economia mundial convivia com altos índices de pobreza, violência e atraso, fruto de heranças seculares de má administração. A péssima distribuição de renda, que se espelhava sobretudo no quadro das grandes cidades, traduzia o descompasso entre as várias regiões do país e refletia as imensas desigualdades das classes sociais. Sobre a população espoliada pairava o descontrole da inflação, além dos altos custos dos empréstimos internacionais, quando o endividamento externo passou a ser uma pressão constante. "Belíndia" foi a expressão cunhada para definir a contradição de uma minoria da população com índices de qualidade de vida similar àquele da Bélgica, para uma quase-totalidade convivendo com índices de pobreza comparáveis aos da Índia.

A Constituição de 1988, concebida num plenário enriquecido por novas representações sociais – em que um jovem Partido dos Trabalhadores já tomava assento –, apontava para a renovação da vida nacional. Era vedada toda e qualquer censura, estabelecendo que: "Nenhuma lei conterá dispositivo que possa constituir embaraço à plena liberdade de informação jornalística em qualquer veículo de comunicação social".

Quanto ao direito de propriedade de empresas de comunicação, prescrevia-se: "A propriedade de empresa jornalística e de radiodifusão sonora e de sons e imagens é privativa de brasileiros natos ou naturalizados há mais de dez anos, aos quais caberá a responsabilidade por sua administração e orientação intelectual".[1]

Nesse contexto renovado de exercício de liberdade, imprensa e sociedade experimentariam outras relações e interviriam decisivamente nos destinos do país. A meteórica ascensão e queda, por meio de *impeachment*, de Fernando Collor de Melo, primeiro Presidente da República eleito pelo voto popular após trinta anos de ditadura, foi exemplo inquestionável da força dessa nova mídia e dessa nova sociedade.

Do caçador de marajás ao motorista Eriberto, um brasileiro

Os jornais da grande imprensa continuavam os mesmos, no eixo Rio-São Paulo, com a novidade da *Gazeta Mercantil*, que em São Paulo, sob direção de Roberto Muller, conhecera transformação de monta, leitura obrigatória para o complexo cotidiano econômico do país. Emergia também, uma *Folha de S.Paulo* totalmente remodelada, dona de jornalismo ágil e moderno, assentada em sólido império construído por Otávio Frias e que tinha no jovem Otávio Frias Filho a concretização de um novo modelo de fazer jornalismo.

Ganharam força como formadoras de opinião as revistas semanais que, desde a pioneira *Veja*, da Editora Abril, lançada em 1968, cobriam com mais profundidade algumas das manchetes estampadas nos jornais diários. Em 1976, surgira a concorrente *IstoÉ*, da Editora Três.[2] Profissionais competentes, estratégias de editoração e o lança-

---

1 http://www.igutenberg.org/constiti.html

2 *Veja*, capitaneada por Mino Carta, foi concebida como revista semanal de informação. Rompeu o padrão dominante, no qual pontificavam as publicações ilustradas, de caráter geral, como *O Cruzeiro, Fatos e Fotos* e *Manchete*. O exemplo multiplicou-se, com o lançamento, nas décadas seguintes, de *IstoÉ, Afinal, Época* e *Carta Capital*, entre outras.

mento aos finais de semana, permitindo a efetiva leitura dos acontecimentos, fizeram desses veículos instrumentos poderosos de informação e de propagação da notícia.

E foi através desse tratamento renovado que em 23 de março de 1988 – ano dos trabalhos da Constituinte – a revista *Veja* trouxe como matéria de capa, em memorável foto de Ubirajara Dettmar, a figura jovem e bem posta do então governador de Alagoas, Fernando Collor de Melo. Conferindo-lhe aura épica, trazia ao fundo o detalhe heróico da tela *Avançar*, do artista alagoano Rosalvo Ribeiro, pintada em Paris, em 1894, com título criado por Tales de Alvarenga: *O Caçador de Marajás*.[3]

Estava lançada na mídia – e dela fazendo uso em todos seus segmentos – a futura candidatura de Collor de Melo à Presidência da República.[4] O candidato era herdeiro de históricas lideranças políticas e de família proprietária da *Gazeta de Alagoas*, do complexo das Organizações Arnon de Mello. Já em seu estado, portanto, contava com o respaldo da máquina.

Em 14 de dezembro de 1989, o debate final da campanha presidencial – nos estúdios da Rede Globo –, tendo como opositor o ex-metalúrgico e líder sindical Luiz Inácio Lula da Silva, sagrou-lhe a vitória nas urnas. Para isso concorrera o recurso dos debates televisionados, uma cópia do modelo norte-americano, com altos índices de audiência medidos pelo Ibope (Instituto Brasileiro de Opinião Pública e Estatística), empresa privada de pesquisa de opinião pública.

---

3 CONTI, Mário Sérgio. *Notícias do Planalto*. A Imprensa e Fernando Collor. São Paulo: Companhia das Letras, 1999. Esta obra, por sua abrangência, é referência desta abordagem.
4 Como governador em Alagoas, em 1987, Collor de Melo foi tema em reportagens de impacto: 2 de abril, em *Globo Repórter* sobre os marajás; 5 de abril, reportagem do *Jornal do Brasil* sobre o "Furacão Collor"; 22 de abril, entrevista de Collor nas páginas amarelas de *Veja*; outubro, entrevista a *Playboy*; 22 de dezembro, entrevista à *Senhor*.

Em 15 de março de 1990, Collor de Melo subia a rampa do Palácio Alvorada como novo presidente da República. No dia seguinte, em ampla divulgação televisiva, era anunciado o Plano Collor, bloqueando por dezoito meses as contas correntes, poupança e aplicações financeiras superiores a 1.250 dólares. Também congelados os aluguéis e as mensalidades escolares, instituindo-se o tabelamento de preços.

Mas, após dois anos e meio de exercício na presidência, em 2 de outubro de 1992, o mesmo Collor de Melo, deixava o poder, em razão de um processo de *impeachment*, no qual a imprensa e a sociedade tiveram participação decisiva. As capas das revistas semanais contam parte dessa história.

O discurso das capas

Empossado com amplo apoio da cadeia de comunicação mais poderosa do país – a Rede Globo –, a utilização da mídia foi redobrada na exposição da imagem de um presidente saudável e dinâmico, que andava de *jet ski,* festejado também pelos jornais internacionais. Apesar do inicial apoio, as relações de Collor com a imprensa tornaram-se tensas.

Muito grave fora a invasão do jornal *Folha de S.Paulo* por agentes da Receita e da Polícia Federal, em 24 de março, sob pretexto de averiguar "se a empresa estava cobrando em cruzados novos ou cruzeiros as faturas publicitárias referentes à primeira quinzena de março."[5] Em 20 de outubro de 1990, a revista *IstoÉ* trazia matéria sobre Paulo César Farias (PC Farias), tesoureiro da campanha de Collor, sob o título: *Ele complica a vida do governo.* A partir de então, o governo Collor voltaria às capas das revistas

---

5 CONTI, Mário Sérgio. Op. cit., p.305.

semanais numa seqüência de reportagens investigativas que escancaram os bastidores do poder. Duas, especialmente, sinalizaram o que estava por vir:

- Em 29 de junho de 1991, a capa da *Veja*, igualmente épica, trazia Collor e sua equipe como personagens de célebre quadro da Proclamação da República, de autor anônimo, sob o título: *A República de Alagoas*. No subtítulo: *Como a turma de Collor está fazendo e acontecendo*.
- Em 23 de maio de 1992, a mesma revista trazia na capa o irmão do presidente, Pedro Collor, sob o título: *Pedro Collor conta tudo*, onde denunciava que Paulo César Farias era testa-de-ferro de Collor.

A veiculação desta matéria explosiva fora de alta responsabilidade, considerando-se que sua publicação ocor-

FIGURA 7. REVISTA *VEJA*: CAPA DE 29 DE JUNHO DE 1991 (A REPÚBLICA DE ALAGOAS).

FIGURA 8. REVISTA *VEJA*: CAPA DE 23 DE MAIO DE 1992 (PEDRO COLLOR CONTA TUDO).

reu sem uma investigação rigorosa da veracidade das afirmações de Pedro Collor.[6]

Estava deflagrado um processo de apuração dos fatos pela criação de uma Comissão Parlamentar de Inquérito (CPI), estabelecida já em 26 de maio de 1992. Em 27 de junho de 1992, nova capa de *IstoÉ* trazia o motorista Eriberto França,[7] confirmando que PC Farias era quem pagava as despesas do presidente e sua família. O depoimento do motorista à CPI, em 1º de julho, foi transmitido ao vivo pela Rede Bandeirantes, quando se deu voz a um homem comum, que trouxe a público as irregularidades do governo.

---

[6] Ver depoimento de Alberto Dines a Alzira Alves Abreu em ABREU, Alzira Alves de; LATTMAN-WELTMAN, Fernando; ROCHA, Dora (Orgs.). *Eles mudaram a imprensa*: depoimentos ao CPDOC. Rio de Janeiro: Editora FGV, 2003. p.148.

[7] Eriberto França era lotado na Radiobrás e servia como motorista de Ana Acioli, secretária da Presidência. Entre outras funções, pegava cheques e dinheiro em espécie na Brasil–Jet e os entregava ao mordomo da Casa de Dinda (residência do presidente), Berto Mendes, que fazia vários pagamentos.

IMPRENSA E CIDADE

Em paralelo, assistiu-se a toda uma movimentação orquestrada da mídia, que mobilizara a população. Em 14 de julho de 1992, a Rede Globo iniciava a série *Anos Rebeldes*, cuja temática enfocava a contestação aos Anos de Chumbo. Em 16 de agosto, à conclamação de Collor para o povo ir às ruas de verde e amarelo em sinal de apoio, a população respondeu saindo em passeata com roupas, tarjas e bandeiras negras. Finalmente, com base no relatório da CPI de 26 de agosto, uma comissão de dezoito juristas "redigiu o pedido de afastamento de Fernando Collor do cargo e de início do processo contra ele por crime de responsabilidade".[8] Em cena memorável, o jornalista Barbosa Lima Sobrinho, defensor das lutas da imprensa e presidente da Associação Brasileira da Imprensa (ABI), foi o primeiro a assinar o pedido, por ele mesmo entregue ao presidente da Câmara em 1º de setembro. Barbosa Lima Sobrinho tinha então 95 anos.

Em 2 de outubro, a citação de afastamento era entregue ao presidente, que deixou o Palácio do Planalto. Em 29 de dezembro, Fernando Collor de Melo renunciava à presidência.

Da construção do mito do jovem caçador de marajás à sua destituição, deflagrada com base em um jornalismo investigativo, sucederam-se fatos e lances surpreendentes. A denúncia do próprio irmão, Pedro Collor, e o depoimento comovedor do motorista Eriberto foram apenas dois deles. À imprensa coube uma das coberturas mais audaciosas de sua trajetória. Pela ampla mobilização de seus meios de difusão, conduziu processo inédito na história do país, pondo em cena personagens, passagens e fatos, como se fora uma catarse dos trinta anos de repressão.

Na perspectiva da história da imprensa, o episódio ganhou estatura simbólica, marco da dimensão da nova mí-

---

8 CONTI, Mário Sérgio. Op. cit., p.654.

ANA LUIZA MARTINS E TANIA REGINA DE LUCA

dia do país. Cabe lembrar que todo esse processo se dera no quadro de reconquista da abertura política e do exercício democrático, ratificado por uma Constituição. Naquele contexto inaugural, a imprensa pôde se colocar a serviço dos interesses da nação, sob o crivo dela, não obstante sua indefectível dependência dos interesses do mercado, do *marketing* publicitário, das notícias que rendiam e vendiam no competitivo mercado do impresso jornalístico. O episódio de ascensão e queda de Collor de Melo foi uma delas.

No ensaio da informática e do jornalismo eletrônico

A imprensa que atuava pós-ditadura também vinha altamente qualificada pelos recursos de suas instalações, que reuniam infra-estrutura de ponta e quadros de extrema competência. A profissionalização do setor, que contou com novas gerações saídas dos cursos superiores de Comunicação, otimizou um trabalho que se desenvolvia em meio a grande complexidade, a serviço da indústria cultural e da comunicação de massa.

Juntamente a toda essa transformação de ordem qualitativa, uma outra, de ordem técnica e até revolucionária permitia, através do computador, outra agilidade nas redações e nas pesquisas, bem como o aperfeiçoamento dos instrumentos de investigação e rastreamento da notícia. Ingressava-se no mundo da informática e na era do jornalismo eletrônico.

De fato, a partir dos anos de 1980, o desenvolvimento das telecomunicações e a difusão da informática alteraram substancialmente a forma de produção, divulgação e consumo da notícia. Tinha início a grande transformação de ordem tecnológica e a mudança das práticas de fazer o jornal, com reflexos na forma, edição e recepção das mídias escrita, falada e televisiva. Os altos investimentos

IMPRENSA E CIDADE

materiais para essa adequação nos órgãos da imprensa justificaram-se de imediato pelo subseqüente barateamento dos custos operacionais dos respectivos veículos.

Como resultado inicial dessa nova empresa de comunicação informatizada – além da velocidade que imprimiu quase uma outra noção de tempo no cotidiano –, passou-se a conviver com o visual mais ordenado e agradável do jornal, textos curtos, linguagem acessível, de forte apelo popular, manchetes estratégicas para atrair o consumidor e a ampla segmentação e difusão de publicações, temas e notícias.

A esse tratamento formal qualificado e ainda mais ágil das coberturas, correspondeu um novo conteúdo da informação, presidido pela força do *marketing* e pela homogeneização das notícias.

No Brasil, as conquistas de ponta do setor foram rapidamente incorporadas, dado que a infra-estrutura via satélite já havia sido implantada e dispúnhamos de conglomerados jornalísticos aparelhados para sua apropriação. São exemplos contundentes a *Rede Globo* – no âmbito da veiculação televisiva e da impressa; o pioneirismo do *Jornal do Brasil* na instalação da versão eletrônica da imprensa, em 1995; a iniciativa do *Grupo Folhas*, na implantação do sistema UOL, da internet.

Em outra escala, rapidamente as demais empresas de comunicação adaptaram-se às novas tecnologias e formas de produção da notícia, requisito obrigatório na sociedade globalizada e informatizada do mundo contemporâneo. Mais ainda quando da introdução da internet, nos anos 1990, quando se passou a ter uma nova sociedade global, mediada pelo computador. Nesse contexto, registram-se duas modalidades de jornalismo, que tipificam, em grande medida, a atual indústria de notícias: o "jornalismo cidadão", voltado para a prestação de serviços de utilidade social e o "jornalismo investigativo", que teve no caso

Watergate (1942-1974) uma referência para a apuração da notícia. Hoje, contudo, ambos padecem da falta de encaminhamentos isentos. Tanto o "jornalismo cidadão" vale-se de escândalos propícios à venda da notícia como o "jornalismo investigativo" utiliza-se do "denuncismo", como forma de elevar níveis de consumo e audiência.[9]

Importa considerar que no novo quadro da comunicação eletrônica do mundo globalizado – que tornou a imprensa ainda mais competitiva – acentuaram-se as relações de mercado entre empresa e consumidor, quando se impôs a "ditadura" do *marketing*. Os resultados das pesquisas sobre as demandas do público passaram a determinar os rumos das coberturas e a atenção da mídia, também a serviço de uma indústria cultural poderosa, que desde os anos 1970 alimenta os meios de comunicação.

Estabeleceu-se, pois, o dilema entre a veiculação de matérias e programas de níveis de tratamento elevados, de interesse de poucos, em favor da demanda das camadas mais pobres da população, que efetivamente compõem o país. Para o primeiro segmento surgiram os canais de televisão paga que, ao lado das já existentes emissoras radiofônicas e dos periódicos alternativos, relativizaram a massificação da notícia e dos programas, de acordo com interesses do público economicamente rentável. Com relação ao segundo segmento, a grade de programação da tevê, as transmissões radiofônicas e os jornais adequaram-se significativamente ao consumo de sua população mais expressiva, as classes ditas "C e D".

Ao final dos anos 1990, a privatização das telecomunicações no Brasil e posterior parceria com o setor de telefonia otimizou ainda mais os novos recursos técnicos da comunicação, ampliando extraordinariamente seu consumo.

---

9 ABREU, Alzira Alves de. Op. cit., p.44-50 e 55.

Conclusão

Fortalecida, a indústria da mídia passou a figurar quase como um novo poder quando, mais do que nunca, sua fiscalização se mostra imperiosa, sobretudo num país com expressiva população de baixa escolaridade e, até bem pouco, sem canais de exercício de cidadania.

Ainda em 1975, com apoio de Otávio Frias da *Folha de S.Paulo*, o jornalista Alberto Dines criara a coluna "Jornal dos Jornais" naquele órgão, voltada para a crítica da mídia. Era uma inovação audaciosa em momento ainda delicado, pois a imprensa vivia sob a censura da ditadura militar. Rememora o jornalista que "Ninguém ousava dizer que a imprensa precisava ser controlada, porque sempre se pensava neste controle da imprensa como censura".[1]

Mas foi também o momento em que a *Folha* iniciou sua grande virada como jornal moderno, desviando o foco de atenção jornalística do Rio de Janeiro para a capital paulista.[2]

Em 1989, a *Folha de S.Paulo* lançaria o *ombudsman*, jornalista responsável por criticar o jornal e por defender seus leitores. Todavia, essa ação limitava-se ao próprio jornal que abrigava a coluna. A imprensa como um todo exigia um contrapoder, um controle sobre sua indiscriminada atuação.

Desde 1993/94, o jornalista Alberto Dines cogitava a criação de um instituto voltado para esta crítica da mídia.

---

1 Entrevista de Alberto Dines às autoras em 4.4.2004.
2 DINES, Alberto. In: ABREU, Alzira Alves de; LATTMAN–WELTMAN, Fernando; ROCHA, Dora (Orgs.). *Eles mudaram a imprensa*: depoimentos ao CPDOC. Op. cit., p.119.

Foi um longo processo, iniciado junto à Unicamp e, posteriormente, abrigado na internet sob o título *Observatório da Imprensa*. Mais tarde, a *home page* do programa, por meio de convênio com a *Folha de S.Paulo,* colocou-se no *site* daquele jornal e a atividade deslanchou, com inúmeras parcerias, difusão impressa e televisiva.

Hoje, sob o comando do mesmo Alberto Dines, é transmitido semanalmente pela TV Cultura e pela internet, numa prestação de serviço única na imprensa brasileira, voltada para a crítica da mídia em face de seu incomensurável e delicado poder.

Cumpre ressaltar que a esses avanços corresponderam altos investimentos das empresas de comunicação, que ultrapassam em muito aqueles tradicionalmente elevados da imprensa do papel. Os custos operacionais daquelas indústrias transformaram-nas em empresas múltiplas, em que a diversificação se tornou imperiosa e cuja administração é exercida por profissionais de formação variada, caracterizando-a como instituição de serviços diversos, sobrepondo-se por vezes àqueles do jornal.

As empresas de comunicação no Brasil, tradicionalmente familiares, passaram a ter seu controle exercido por um conselho de profissionais especializados, comprometidos sobretudo com a busca do lucro empresarial.

Nessas circunstâncias, também o papel do jornalista se alterou, seja em função da revolução técnica da imprensa, das novas exigências do mundo globalizado e do caráter mercadológico da notícia.

O convívio das redações foi substituído pelo trabalho individual e solitário do jornalista com seu computador, pressionado entre a coleta de notícias e os *press releases* dos clientes do mercado. A necessidade de especialização, gerou o *expert*, voltado para um só tema, demanda das páginas setorizadas dos inúmeros cadernos que atualmente

IMPRENSA E CIDADE

compõem um jornal, contemplando economia, política, cidades, colunas sociais, indústria cultural, esportes etc. ... Ao mesmo tempo, a necessidade de enxugamento da máquina determinou a supressão de sucursais pelo país, com dispensa de profissionais e a manutenção dos mais qualificados por meio de terceirizações de "figuras jurídicas".

Os centros difusores de notícias e sedes de empresas de comunicação na geografia da mídia do Brasil permanecem historicamente os mesmos, alocados sobretudo no eixo São Paulo-Rio de Janeiro.

A despeito de avanços dos meios e formas de comunicação no Brasil, o consumo quantitativo e qualitativo da notícia ainda deixa muito a desejar, sobretudo em função do alto grau de analfabetismo funcional do Brasil, condição em que se encontra quem não entende o que lê. O que não é estranhável, considerando-se que no presente, apenas 20% dos brasileiros concluíram o ensino médio.

Vale repetir a pergunta que dá início a este livro, emprestada da letra de Caetano Veloso: "Quem lê tanta notícia?"

Para finalizar

As inúmeras discrepâncias que caracterizam as relações da mídia com a população leitora e consumidora no Brasil refletem nosso processo histórico peculiar. Por aqui, a imprensa demorou a chegar, a educação formal sempre esteve a reboque dos programas de governo e as novidades tecnológicas foram automaticamente transplantadas, em nome da busca da modernidade e do acerto com o tempo cultural dos países hegemônicos.

Mesmo com obstáculos, uma imprensa escrita vigorosa brotou no país e hoje, sua mídia televisiva bem como sua criação publicitária são referências para os padrões internacionais de comunicação. O jornalismo *on-line,* contudo, ainda engatinha em termos de usuários, dada a baixa renda da população com acesso restrito à informática e aparelhos de computação. A internet, ao alcance de poucos, ainda não é uma mídia superior às demais. A esse propósito, confirma Alberto Dines: "A Internet disputa primazias mas não é sempre que ela consegue oferecer a primazia. Eu não consigo me lembrar de uma cobertura de Internet que tenha realmente se sobreposto à cobertura das mídias tradicionais, seja eletrônica ou impressa."[3]

Em razão da globalização, as crises atuais por que passa nossa imprensa refletem não só um problema local, mas aquele das mídias internacionais, quando também a imprensa brasileira registra declínio na circulação dos jornais, redução drástica do mercado jornalístico e credibilidade em queda. Em outra escala os jornais gastam cada vez menos com a apuração da notícia e mais com as formas de divulgá-la.

Nesse sentido, é oportuno concluir com a menção ao mais completo estudo já realizado sobre a mídia americana, conforme veiculado na obra *O Estado da Mídia Informativa 2004*:

> O jornalismo em 2004 está no meio de uma transformação histórica, provavelmente tão impactante quanto a invenção do telégrafo e da televisão ... O jornalismo não está se tornando irrelevante. Está se tornando mais complexo. Estamos testemunhando tendências conflitantes de fragmentação e convergência simultaneamente, e elas às vezes levam a direções opostas.[4]

No Brasil de hoje, a função da imprensa em sua relação com a cidade é decisiva, potencializada pelas inúmeras demandas de serviços que dependem exclusivamente

---

3 Entrevista de Alberto Dines às autoras em 4.4.2004.
4 *O Estado da Mídia Informativa 2004*, estudo realizado pelo Projeto pela Excelência no Jornalismo, associado à Universidade de Columbia (Nova York), disponível em www. stateofthemedia.org

IMPRENSA E CIDADE

da mídia. Também entre nós, o jornalismo está se tornando mais complexo, regido por tendências múltiplas, ganhando novos significados no país de dimensões continentais e que vive momento florescente de exercício democrático, no quadro dos poderosos recursos da informática e da tecnologia de ponta a seu serviço.

Resta saber se na batalha diária da fabricação da notícia na sociedade do espetáculo, da ditadura do *marketing* e da força do capital, haverá espaço e voz para o exercício da crítica e para a autonomia e independência da mídia, força e móvel do mundo contemporâneo.

Glossário

Censor – Indivíduo responsável pelo controle do conteúdo das informações, com poder de vetá-las.

Clichê – Placa, em geral de zinco, gravada fotomecanicamente em relevo, imprimindo imagens ou textos em prensas tipográficas.

Clicheria – refere-se à técnica de fazer o clichê e também à oficina onde ele é feito.

Componedor de linotipo – Dispositivo onde mecanicamente são reunidos as matrizes e os espaçadores do linotipo.

Copidesque – Redator que dá acabamento ao texto, de forma que se torne agradável e facilmente legível.

Empastelamento – ato de empastelar, que consiste em misturar os tipos gráficos em caixas diferentes, de forma que inutilize a oficina de um jornal. Em sentido mais amplo refere-se à destruição do jornal.

Holdings – Conglomerado de empresas.

Linotipia – Arte do trabalho com linotipo.

Linotipo – Máquina composta de um teclado que permite dispor das matrizes em canais condutores (denominados magazines), por onde, através de vários estágios, as matrizes são levadas para o componedor.

Litografia – Um dos mais antigos processos de gravação da imagem em que o gravador desenha às avessas, diretamente sobre uma pedra calcárea. Essa base é primeiro molhada para umedecer as partes não cobertas pelo desenho e, em seguida, recebe uma tinta, que, incompatível com a água, concentra-se sobre a área seca, imprimindo o desenho.

Marinoni (Hipólito) – construtor mecânico francês (1823-1904), inventor das máquinas rotativas de impressão.

Mass-Midia – Conjunto dos meios de comunicação de massa, que inclui veículos, recursos e técnicas variados: jornal, rádio, televisão, cinema, *outdoor*, páginas impressas, propaganda, mala-direta, balão inflável, anúncio em *site* da internet.

IMPRENSA E CIDADE

Milheiros – Refere-se ao milhar na contagem de objetos, no caso, na tiragem dos jornais.

Pasquim – Originário dos tempos romanos, relacionado a panfletos satíricos e difamadores, afixados em locais públicos, transformou-se em jornal tablóide alternativo de crítica aos costumes. No Brasil, tornou-se nome de um dos mais argutos e veiculados jornais da imprensa alternativa – O Pasquim (1969) –, voltado para a crítica à ditadura.

Perrepista – Alusivo ao membro do PRP (Partido Republicano Paulista).

Prelo – Máquina tipográfica de imprimir, criada originalmente por Gutenberg, que funcionava por meio de um parafuso vertical movido à mão. Foi substituído pelo prelo holandês de madeira e mais tarde pelo prelo com mesa e platina de aço. Em 1818 o prelo de Stanhope substituiu toda a madeira por ferro fundido. Esse processo manual foi substituído pelo mecânico, com rolos de impressão.

Púlpito – Tribuna ocupada por pregadores, geralmente situada no interior das igrejas em lugar de visibilidade, de forma que o pregador possa ser visto e ouvido pelos fiéis. Lugar de pregação, geralmente religiosa.

Rotativa – Máquina de imprimir, inventada por Marinoni, que funciona por meio de rotação de formas cilíndricas, em torno das quais o papel enrolado em bobinas se desenrola e recebe a impressão.

Rotogravura – Impressão obtida através de prensa rotativa, onde a gravação se faz em placas, que encurvadas são adaptadas aos cilindros; ou diretamente nos cilindros revestidos de cobre; ou nesses cilindros, por eletrodeposição, isto é, por decomposição do componente químico, por passagem de corrente elétrica.

Zincografia – Processo de impressão da imagem que segue o mesmo princípio da litografia, embora a gravação se dê sobre folha de zinco.

Sugestões de leitura

ABREU, Alzira Alves de; LATTMAN-WELTMAN, Fernando; ROCHA, Dora (Orgs.). *Eles mudaram a imprensa*: depoimentos ao CPDOC. Rio de Janeiro: FGV, 2003.

Livro fundamental para acompanhar as transformações da imprensa nos últimos trinta anos, pelo depoimento de seis importantes diretores de redação dos principais órgãos de comunicação periódica do país.

ABREU, Alzira de Abreu (et al.). *Dicionário histórico-biográfico brasileiro pós-1930*. 2.ed. rev. e ampl. Editora FGV; CPDOC, 2001.

Obra de referência obrigatória para os acontecimentos políticos do período pós-1930. Particularmente útil para a história da imprensa, pois contém verbetes específicos sobre os principais jornais e revistas do período.

CONTI, Mário Sérgio. *Notícias do Planalto*. A imprensa e Fernando Collor. São Paulo: Companhia das Letras, 1999.

Através da análise da ascensão e queda de Fernando Collor, o autor recupera, com profundidade e crítica, o histórico dos principais órgãos de comunicação do Brasil.

DINES, Alberto. *O papel do jornal*: uma releitura. 4.ed. ampl. e atual. São Paulo: Summus, 1986.

Livro que conheceu várias edições e se tornou um clássico para análise do fazer jornalístico. Discute a questão da censura, imposta pelo regime militar.

HALIMI, Serge. *Os novos cães de guarda*. Petrópolis: Vozes, 1998. Coleção Zero à Esquerda.

O autor tece uma série de críticas à postura da mídia francesa, desnudando os vínculos e os interesses econômicos que presidem a difusão das notícias na imprensa escrita e televisiva.

KUCINSKI, Bernardo. *Jornalistas e revolucionários*: nos tempos da imprensa alternativa. 2.ed. rev. e ampl. São Paulo: Edusp, 2003.

IMPRENSA E CIDADE

Trabalho fundamental, em que o autor realizou levantamento exaustivo da chamada imprensa nanica das décadas de 1960 a 1980.

LUSTOSA, Isabel. *O nascimento da imprensa brasileira*. Rio de Janeiro: Jorge Zahar Editor, 2003.
Em linguagem agradável, o livro traz uma das melhores sínteses do nascimento da imprensa no Brasil, situando de forma didática nossos primeiros jornais.

MORAIS, Fernando. *Chatô: o rei do Brasil*. São Paulo: Companhia das Letras, 1994.
Biografia de Assis Chateaubriand, figura central na história da imprensa brasileira, responsável pelo maior conglomerado de comunicações da América Latina.

SILVA, Carlos Eduardo Lins da. *O adiantado da hora*. A influência americana sobre o jornalismo brasileiro. São Paulo: Summus, 1991.
Trabalho fundamental para compreensão, entre outros aspectos, da influência do jornalismo norte-americano na imprensa brasileira.

SODRÉ, Nelson Werneck. *História da imprensa no Brasil*. Rio de Janeiro: Mauad, 1999.
Com uma primeira edição em 1966, contempla a história da imprensa dos primórdios até o último quartel do século XX. Trata-se de obra abrangente, indispensável para o tema.

Sites

www.tvebrasil.com.br/observatorio/programa. *Site* do programa *Observatório da Imprensa*, que contém entrevistas e debates sobre a atuação das mídias brasileira e internacional.

www.uol.com.br/rionosjornais. O Rio de Janeiro através dos jornais (1888-1969), elaborado por João Marcos Weguelin. *Site* que contém matérias integrais de vários jornais cariocas.

Questões para reflexão e debate

1. Na Introdução mencionamos as propostas de Ignácio Ramonet, defensor da criação de um quinto poder que examine as práticas jornalísticas predominantes nos empreendimentos midiáticos. Você concorda com a proposta do autor? Justifique sua resposta com exemplos retirados de jornais, revistas ou noticiários televisivos.

2. O Capítulo 1 abrange largo período da imprensa no Brasil, revelando etapas e características muito próprias de sua implantação e difusão no país. Discrimine os traços próprios e as etapas que marcaram esse processo.

3. Após a leitura do Capítulo 2, que trabalha um dos períodos mais fecundos da imprensa escrita brasileira, sistematize aspectos registrados da evolução técnica, das novas práticas de difusão do impresso, da profissionalização do setor e da atuação da censura.

4. No Capítulo 3, reproduzimos o depoimento de Sampaio Mitke acerca do controle exercido pelo Estado Novo sobre a imprensa:

    O trabalho era limpo e eficiente. As sanções que aplicávamos eram muito mais eficazes do que as ameaças da polícia, porque eram de natureza econômica. Os jornais dependiam do governo para a importação do papel linha d'água. As taxas aduaneiras eram elevadas e deveriam ser pagas em 24 horas (...). Só se isentava de pagamento os jornais que colaboravam com o governo. Eu ou o Lourival ligávamos para a alfândega autorizando a retirada do papel.

    Discuta outras formas de controle colocadas em prática no primeiro governo Vargas (1930-1945).

5. Ao longo do Capítulo 4, infere-se que o Brasil do pós-Segunda Guerra já dispunha de razoável rede urbana, que se espelha na imprensa e se vale dela. Comente as relações entre imprensa e cidade e, mais especificamente, as relações entre os centros urbanos e a grande imprensa brasileira.

6. Nas crises que culminaram com o golpe de 1964, que depôs o presidente João Goulart, e com a renúncia do presidente Fernando Collor de Melo, a imprensa atuou como importante ator político. Com base na leitura desse livro e em leituras sugeridas, forneça argumentos que comprovem a afirmação.